Les DOUZE ÉTAPES

ENRICHIES PAR DES

VERSETS BIBLIQUES

AMIS EN RECOUVRANCE

Les
DOUZE ÉTAPES

ENRICHIES PAR DES

VERSETS
BIBLIQUES

*Une fusion
de la sagesse pratique des Douze Étapes
avec les vérités spirituelles de la Bible*

— ÉDITION RÉVISÉE —

Traduit par Adélard Faubert, f.s.g.

SCIENCES ET CULTURE

Ce livre a été originellement publié sous le titre

THE TWELVE STEPS FOR CHRISTIANS
Édition révisée, 1994
© 1988, 1994 by Friends in Recovery

Publié selon entente avec
RPI Publishing, Inc.
P.O. Box 1026, Julian, CA 92036

Conception de la couverture : Zapp

Tous droits réservés pour l'édition française
© 1997, *Éditions Sciences et Culture Inc.*

Dépôt légal : 2e trimestre 1997
Bibliothèque nationale du Québec
Bibliothèque nationale du Canada

ISBN 2-89092-202-2

Éditions Sciences et Culture
5090, rue de Bellechasse
Montréal (Québec) Canada H1T 2A2
(514) 253-0403   Fax : (514) 256-5078

IMPRIMÉ AU CANADA

Note de Éditions Sciences et Culture

La recouvrance

Nous avons traduit par recouvrance le mot américain *recovery*. Il nous est apparu nécessaire de le définir pour ceux qui ne sont pas familiers avec les divers programmes Douze Étapes dans les groupes de soutien.

Dans les livres en langue anglaise, on rencontre fréquemment l'expression "la recouvrance est un processus" (*recovery is a process*). La lecture d'ouvrages américains sur le sujet nous a permis de préciser tout le champ notionnel du mot "recouvrance".

> La recouvrance est un lent et graduel processus de prise de conscience, d'acceptation et de changement qui amène une personne à améliorer sa santé physique, à rétablir sa vie émotionnelle, à réhabiliter son état mental et à reconnaître l'existence d'un pouvoir spirituel.

> L'individu, en se joignant à un groupe de soutien, adopte progressivement les principes d'un Programme Douze Étapes pour restaurer sa dignité humaine et redevenir un être humain entier.

En souvenir de Richard,
d'Edouard et d'autres
dont la vie a été une lutte
contre la dépendance, et
qui n'ont jamais découvert
le chemin spirituel de la recouvrance.

Depuis près de cinquante ans, Dieu s'est servi
de la puissance guérissante des Douze Étapes
pour restaurer la vie d'innombrables individus.
Il a transmis ce message guérisseur
par des gens qui savent ce que signifie
être broyé par la vie et être sauvé par Dieu.

Nous dédions ce livre
à tous ceux qui ont trouvé la guérison
grâce à ce programme spirituel
et qui continuent à partager
leur expérience, leur force et leur espoir
avec ceux qui cherchent encore.

Renseignements importants

Ce livre est conçu pour fournir des renseignements concernant le sujet qu'il traite. L'éditeur et les auteurs ne sont pas tenus de rendre des services professionnels individualisés.

L'Annexe suggère un modèle de réunion pour un groupe d'étude et comprend des questions relatives à chaque Étape.

Table des matières

Douze Étapes des Alcooliques anonymes   10
Douze Étapes et versets bibliques qui s'y rapportent . .   11
Douze Étapes et disciplines spirituelles   15
Racines chrétiennes des Douze Étapes   17
Préface   21
Introduction de l'édition révisée   23
Commencer votre pèlerinage spirituel   29
Travailler avec un partenaire en recouvrance   33
Caractéristiques communes de comportement   41

Première Étape   53
Deuxième Étape   65
Troisième Étape   79
Quatrième Étape   93
Cinquième Étape   123
Sixième Étape   139
Septième Étape   151
Huitième Étape   163
Neuvième Étape   177
Dixième Étape   193
Onzième Étape   223
Douzième Étape   239

Annexe   255

Douze Étapes
des Alcooliques anonymes[*]

1. Nous avons admis que nous étions impuissants devant l'alcool — que nous avions perdu la maîtrise de nos vies.

2. Nous en sommes venus à croire qu'une Puissance supérieure à nous-mêmes pouvait nous rendre la raison.

3. Nous avons décidé de confier notre volonté et nos vies aux soins de Dieu *tel que nous Le concevions*.

4. Nous avons courageusement procédé à un inventaire moral, minutieux de nous-mêmes.

5. Nous avons avoué à Dieu, à nous-mêmes et à un autre être humain la nature exacte de nos torts.

6. Nous avons pleinement consenti à ce que Dieu élimine tous ces défauts de caractère.

7. Nous Lui avons humblement demandé de faire disparaître nos déficiences.

8. Nous avons dressé une liste de toutes les personnes que nous avions lésées et consenti à leur faire amende honorable.

9. Nous avons réparé nos torts directement envers ces personnes partout où c'était possible, sauf lorsqu'en ce faisant, nous pouvions leur nuire ou faire tort à d'autres.

10. Nous avons poursuivi notre inventaire personnel et promptement admis nos torts dès que nous nous en sommes aperçus.

11. Nous avons cherché par la prière et la méditation à améliorer notre contact conscient avec Dieu, *tel que nous Le concevions*, Lui demandant seulement de connaître Sa volonté à notre égard et de nous donner la force de l'exécuter.

12. Ayant connu un réveil spirituel comme résultat de ces étapes, nous avons alors essayé de transmettre ce message à d'autres alcooliques et de mettre en pratique ces principes dans tous les domaines de notre vie.

---

[*]   Réimpression des Douze Étapes avec la permission de A.A. World Services, Inc. — Copyright © 1939.

Douze Étapes
et versets bibliques
qui s'y rapportent

PREMIÈRE ÉTAPE

Nous avons admis que nous étions impuissants face aux effets de notre séparation d'avec Dieu — et que nous avions perdu la maîtrise de nos vies.

• • •

Car je sais que nul bien n'habite en moi, je veux dire dans ma chair; en effet, vouloir le bien est à ma portée, mais non pas l'accomplir. (Rm 7, 18)

DEUXIÈME ÉTAPE

Nous en sommes venus à croire qu'une Puissance supérieure à nous-mêmes pouvait nous rendre la raison.

• • •

Aussi bien, Dieu est là qui opère en vous à la fois le vouloir et l'opération même, au profit de ses bienveillants desseins. (Ph 2, 13)

TROISIÈME ÉTAPE

Nous avons décidé de confier notre volonté et nos vies aux soins de Dieu *tel que nous Le concevions.*

• • •

Je vous exhorte donc, frères, par la miséricorde de Dieu, à offrir vos personnes en hostie vivante, sainte, agréable à Dieu — c'est là le culte spirituel que vous avez à rendre. (Rm 12, 1)

QUATRIÈME ÉTAPE

Nous avons courageusement procédé à un inventaire
moral, minutieux de nous-mêmes.

• • •

Examinons notre voie, scrutons-la et revenons à Yahvé.
(Lm 3, 40)

CINQUIÈME ÉTAPE

Nous avons avoué à Dieu, à nous-mêmes et à un autre
être humain la nature exacte de nos torts.

• • •

*Confessez donc vos péchés les uns aux autres et priez les uns
pour les autres, afin que vous soyez guéris.* (Jc 5, 16)

SIXIÈME ÉTAPE

Nous avons pleinement consenti à ce que Dieu
élimine tous ces défauts de caractère.

• • •

Humiliez-vous devant le Seigneur et il vous élèvera.
(Jc 4, 10)

SEPTIÈME ÉTAPE

Nous Lui avons humblement demandé de faire
disparaître nos déficiences.

• • •

*Si nous confessons nos péchés, lui, fidèle et juste,
pardonnera nos péchés et nous purifiera de toute iniquité.*
(1 Jn 1, 9)

HUITIÈME ÉTAPE

Nous avons dressé une liste de toutes les personnes que nous avions lésées et consenti à leur faire amende honorable.

• • •

Ce que vous voulez que les hommes fassent pour vous, faites-le pour eux pareillement. (Lc 6, 31)

NEUVIÈME ÉTAPE

Nous avons réparé nos torts directement envers ces personnes partout où c'était possible, sauf lorsqu'en ce faisant, nous pouvions leur nuire ou faire tort à d'autres.

• • •

Quand donc tu présentes ton offrande à l'autel, si là tu te souviens que ton frère a quelque chose contre toi, laisse là ton offrande, devant l'autel, et va d'abord te réconcilier avec ton frère; puis reviens, et alors présente ton offrande. (Mt 5, 23-24)

DIXIÈME ÉTAPE

Nous avons poursuivi notre inventaire personnel et promptement admis nos torts dès que nous nous en sommes aperçus.

• • •

Ainsi donc, que celui qui se flatte d'être debout prenne garde de tomber. (1 Co 10, 12)

ONZIÈME ÉTAPE

Nous avons cherché par la prière et la méditation à améliorer notre contact conscient avec Dieu, *tel que nous Le concevions,* Lui demandant seulement de connaître Sa volonté à notre égard et de nous donner la force de l'exécuter.

• • •

Que la parole du Christ réside chez vous en abondance.
(Col 3, 16)

DOUZIÈME ÉTAPE

Ayant connu un réveil spirituel comme résultat de ces étapes, nous avons alors essayé de transmettre ce message à d'autres et de mettre en pratique ces principes dans tous les domaines de notre vie.

• • •

Frères, même dans le cas où quelqu'un serait pris en faute, vous les spirituels, rétablissez-le en esprit de douceur, te surveillant toi-même, car tu pourrais bien toi aussi être tenté. (Ga 6, 1)

Douze Étapes
et disciplines spirituelles

But	Étape	Discipline
La paix avec Dieu	La **Première Étape** porte sur la reconnaissance de notre délabrement.	Soumission
	La **Deuxième Étape** concerne la naissance en nous de la foi. La **Troisième Étape** implique de laisser Dieu prendre charge de notre vie.	Conversion
La paix avec soi-même	La **Quatrième Étape** implique de faire un examen de soi. La **Cinquième Étape** concerne la discipline de la confession.	Confession
	La **Sixième Étape** est une transformation intérieure quelquefois appelée le repentir. La **Septième Étape** implique la transformation ou purification de notre caractère.	Repentir
La paix avec les autres	La **Huitième Étape** implique d'examiner nos relations et de nous préparer à faire amende honorable. La **Neuvième Étape** est la discipline de la réparation de nos torts.	Amende honorable
	La **Dixième Étape** concerne la poursuite du progrès en recouvrance.	Persévérance
Le maintien de la paix	La **Onzième Étape** implique les disciplines spirituelles de la prière et de la méditation.	Prière
	La **Douzième Étape** concerne la diffusion des principes.	Repentir

Racines chrétiennes
des Douze Étapes

Le mouvement des Alcooliques anonymes a débuté le 10 juin 1935; il a été fondé conjointement par William Griffith Wilson (Bill W.) et le Dr Robert Holbrook Smith (Dr Bob). Wilson a eu l'idée des Alcooliques anonymes alors qu'il était hospitalisé pour abus d'alcool en décembre 1934. Pendant son séjour à l'hôpital, Wilson est passé par une expérience spirituelle qui a éliminé son désir de boire. Au cours des mois suivants, il a tenté de persuader d'autres alcooliques de cesser de boire, tout comme il l'avait fait. Wilson trouva son premier "converti" dans la personne de Smith, qui était disposé à suivre la méthode de Wilson pour se libérer de l'alcool. Quatre ans plus tard, Wilson et Smith publiaient le livre *Les Alcooliques anonymes*, qui contient les Douze Étapes et un programme basé sur le spirituel pour se rétablir de l'alcoolisme.

Le Groupe Oxford

La rédaction du programme des AA tel que développé et composé par Wilson fut influencée par diverses sources. Parmi celles-ci, le mouvement du Groupe Oxford d'Angleterre et son leader américain, le ministre épiscopalien Samuel Moor Shoemaker, Jr., ont contribué de manière significative à la base chrétienne des Alcooliques anonymes. Wilson et Smith assistèrent tous deux aux réunions du Groupe Oxford et basèrent une grande partie du programme des AA sur ce cadre de travail.

Dans les années 1920 et 1930, le mouvement du Groupe Oxford devint une réponse révolutionnaire à la réaction anti-religieuse qui suivit la Première Guerre mondiale. Cherchant à raviver la foi dans une Église figée par l'institutionnalisme, le Groupe Oxford se proclama un "organisme" plutôt qu'une "organisation". Les membres du groupe se réunissaient dans des maisons et des hôtels, combinant religion et repas. Malgré son indépendance quant aux liens institutionnels, le mouvement était clairement ecclésiastique et considérait l'Église comme son autorité.

Le Dr Frank N. D. Buchman, pasteur luthérien, est souvent nommé comme le leader du mouvement Oxford. Cependant, si on demandait à l'un des disciples du Groupe Oxford « Qui est votre leader? », la réponse pourrait être « L'Esprit Saint ». Le groupe avait une telle confiance dans la conduite de l'Esprit qu'il n'avait aucun conseil d'administration, mais se fiait au "contrôle de Dieu" par l'entremise d'hommes et de femmes qui s'étaient entièrement "voués" à la volonté de Dieu. Buchman insistait sur la nécessité de se donner entièrement à Dieu pour le pardon et la conduite de la vie, et de confesser ses péchés à Dieu et aux autres. Les membres du Groupe Oxford apprirent à réparer les torts qu'ils avaient causés et à témoigner de leur changement de vie pour aider les autres à changer.

Les enseignements du Groupe Oxford étaient fondés sur les six postulats fondamentaux suivants :

1. Les humains sont pécheurs.
2. Les humains peuvent changer.
3. La confession est un préalable au changement.
4. L'âme transformée a un accès direct à Dieu.
5. Le temps des miracles est revenu.
6. Ceux qui ont changé doivent en changer d'autres.*

---

*   Cantril, Hadley. *The Psychology of Social Movements* (Huntington, NY : Robert E. Kruger, 1941), p. 147-148.

De plus, Wilson incorpora dans la philosophie des AA les cinq règles du Groupe Oxford, qui étaient :

1. Donner à Dieu.
2. Écouter les directives de Dieu.
3. Vérifier les directives.
4. Faire réparation.
5. Partager à la fois la confession et le témoignage.*

Évolution des Douze Étapes

Tout en essayant, de 1935 à 1937, d'attirer d'autres disciples à la sobriété, Smith et Wilson assistèrent aux réunions du Groupe Oxford à New York, animées par Samuel Moor Shoemaker, Jr. : « Mais il ne faut pas oublier l'essentiel : nous devons à Sam et à ses compagnons d'Oxford l'idée de l'inventaire moral de soi-même, de la reconnaissance de ses défauts de caractère, de la réparation des torts envers ceux que nous avons lésés et du travail en équipe. Nous avons puisé ces éléments de notre programme directement dans le patrimoine des Groupes Oxford et dans la pensée de Sam Shoemaker, leur ancien leader en Amérique. Nous ne les avons trouvés nulle part ailleurs. »**

---

* Kurtz, Ernest. *Not God : A History of Alcoholics Anonymous* (Center City, MN : Hazelden Educational Materials, 1979), p. 48-49.
** *Le mouvement des Alcooliques anonymes devient adulte* (New York : Alcoholics Anonymous World Services, Inc., 1983), p. 49.

Préface

Ceux qui ont pris part à la rédaction et à la révision de ce texte sont des chrétiens, laïques et membres du clergé, en cours de recouvrance. Ils croient que les Écritures et les Douze Étapes sont des outils importants de la guérison. Ils croient que si nous nous servons régulièrement de ces outils dans notre vie, nous nous ouvrons à l'amour et à la grâce de Dieu, sources de guérison. Leur intention est de transmettre le message des Douze Étapes et l'amour du Christ à toute personne blessée.

Cette édition révisée reflète la croissance spirituelle et émotionnelle de ceux qui y ont contribué. C'est également l'expression de leur engagement à appliquer leurs propres programmes et à mettre en œuvre les Douze Étapes dans leur vie quotidienne. La base du processus de recouvrance de chacun de ceux qui y ont contribué est sa relation avec une Puissance supérieure aimante, Dieu, personnalisée en Jésus Christ.

Un thème central, ainsi qu'un postulat de base de ce travail, est que la guérison est possible. Jusqu'à un certain point, chacun peut faire l'expérience de la libération des effets désastreux d'un entourage débilitant. À mesure que nos plaies guérissent, nous devenons des membres actifs de la communauté.

Travailler les Douze Étapes nous aide à récupérer notre droit d'aînesse comme enfants du Dieu compatissant. Nous avons été créés à son image et nous avons reçu le don d'une volonté libre. Le chemin que nous sommes sur le point de suivre entend nous éveiller à la grâce de Dieu et nous donner une opportunité de faire l'expérience d'une vie paisible et enrichissante. Les sentiments d'indignité, d'inquiétude et d'infériorité diminuent et sont remplacés par la force et les vertus spirituelles. Le fait de concentrer notre attention sur Dieu transforme notre besoin obsédant de l'approbation des autres. Notre attention se porte plutôt sur la promesse d'une nouvelle vie dans le Christ.

Les Douze Traditions des Alcooliques anonymes insistent sur l'anonymat personnel comme élément essentiel de recouvrance. En qualité d'"Amis en recouvrance", nous avons choisi de demeurer anonymes dans la poursuite de notre propre croissance personnelle. Nous comprenons l'importance de nous regarder nous-mêmes en face en toute honnêteté et de mettre notre confiance en la personne de Jésus Christ. Nous offrons ce texte, non comme un but en soi, mais comme un moyen de développer une saine relation avec Dieu, avec les autres et avec soi-même.

Introduction
de l'édition révisée

Les révisions de ce livre sont le fruit de la croissance continue des auteurs et des encouragements reçus de gens qui s'en servent. C'est grâce à la volonté de partager leur expérience dans l'utilisation du texte que ces changements sont possibles. Les améliorations du texte sont le résultat des réactions de groupes qui utilisent ce livre.

Les Douze Étapes enrichies par des versets bibliques est un guide personnel pour comprendre le pouvoir spirituel des Douze Étapes dans une perspective chrétienne. Cet ouvrage s'adresse d'abord aux adultes dont l'enfance a subi l'influence négative d'un entourage qui était loin d'assurer une croissance normale. Cet entourage prévalait souvent quand les adultes responsables de prendre soin d'eux étaient influencés par l'abus de diverses substances, par des problèmes émotionnels ou par des comportements compulsifs. Les Douze Étapes offrent le moyen de grandir en dépit des effets nocifs d'un environnement familial troublé. Depuis la création des Alcooliques anonymes en 1935, les Douze Étapes ont offert à des millions de gens le moyen de changer le cours de leur vie.

La recouvrance par les Douze Étapes n'est pas un programme patronné par une entité ou un groupe religieux. Cependant, les gens qui suivent ce programme constatent qu'il s'harmonise avec leurs propres croyances spirituelles. Il n'a aucune affiliation religieuse officielle. C'est cependant un programme qui aide à redécouvrir et à approfondir la partie spirituelle de notre être. En mettant en œuvre les démarches des Douze Étapes, nous réalisons que notre spiritualité est importante. Nous apprenons à vivre notre vie en accord avec le dessein de Dieu, notre Puissance supérieure. Nous nous rendons compte que le vide ou le désespoir que nous ressentons provient de ce que nous ignorons ou rejetons notre relation avec notre Seigneur, Jésus Christ.

La base de ce volume est le processus des Douze Étapes. Ce processus a aidé d'innombrables individus à guérir de maintes formes de comportements dépendants, compulsifs ou obsédants. Ce livre est un outil pour développer un cheminement personnel vers la recouvrance. Il rassemble la sagesse confirmée des vérités bibliques et l'efficacité prouvée des principes des Douze Étapes. L'ouvrage encourage la compréhension de soi et insiste sur l'amour immuable de Dieu pour toute l'humanité.

Les Douze Étapes enrichies par des versets bibliques comprend des passages des Saintes Écritures qui illustrent l'harmonie entre la pratique du christianisme et l'application des Douze Étapes. L'emploi des Écritures assure une compréhension des Douze Étapes au sein d'un contexte biblique. Pour qui les utilise tel que prévu, les Étapes sont un processus très puissant permettant à Dieu de guérir les émotions meurtries. Ce livre est un outil spirituel qui nous aide à rétablir l'équilibre et l'ordre, et nous conduit à une santé améliorée, à un bonheur accru, grâce à des rapports renouvelés avec Dieu.

En tant que chrétiens, nous croyons que Dieu révèle une grande partie de ses desseins pour chacun de nous dans les Saintes Écritures. Les chrétiens qui ont atteint la maturité, aussi bien que ceux qui ne font que s'éveiller à une relation personnelle avec le Christ, peuvent trouver une immense valeur dans les Douze Étapes. Pour qui les applique régulièrement aux événements de la vie, les Étapes deviennent un moyen d'enrichir les relations avec Dieu. Les Étapes sont particulièrement puissantes lorsqu'on s'en sert en même temps que les pratiques régulières de la prière, de la méditation et de l'étude de la Bible. Nous découvrirons les moyens uniques par lesquels les Saintes Écritures soutiennent et élargissent notre compréhension des Étapes.

Le processus des Douze Étapes de recouvrance constitue un cheminement spirituel. Il nous fait passer d'une vie où nous éprouvons confusion et chagrin à un lieu de paix et de sérénité — un jour à la fois. De nombreux changements peuvent nous arriver et nous arriveront de fait, mais ils ne se produiront pas tous en même temps. Le processus demande du temps et de la patience. Dieu, au temps voulu, imprime en nous une force de caractère qui ne peut provenir que d'une saine relation avec Lui.

Nous pouvons avoir en nous beaucoup d'habitudes ou de comportements contradictoires qui doivent être corrigés. Quand nous considérons nos méthodes inappropriées dans nos rapports avec les autres, il importe de nous rappeler comment ces agissements ont commencé. Suite aux conditions chaotiques de notre enfance, nous avons développé des comportements qui nous empêchent aujourd'hui de mener notre vie d'adulte avec succès. Ayant grandi dans des familles qui réprimaient nos émotions, nous nous sommes habitués à nier notre douleur et notre malaise. Pendant nos premières années, beaucoup d'entre nous ont été contraints de faire taire leurs sentiments et de tout garder secrètement à l'intérieur d'eux-mêmes. Nous avons appris dans notre enfance que l'expression de nos désirs et de nos besoins était cause de rejet. Ce rejet stimulait l'irruption de sentiments intenses d'inaptitude et de honte.

Dans notre entourage actuel, nous pouvons éprouver de la difficulté à exprimer la douleur, la crainte, la colère ou le besoin. Nous réprimons nos véritables sentiments parce que nous continuons à considérer notre entourage de la même manière que nous le faisions dans notre enfance. Lorsque nous exprimons ouvertement nos besoins, nous risquons d'être rejetés. Pour éviter d'être rejetés, beaucoup d'entre nous compensent ces sentiments réprimés en poussant nos actes à l'extrême. Notre comportement peut inclure des soucis quant à nos relations, notre église ou notre travail. Ou bien, nous pouvons voiler nos vrais sentiments par l'excès dans le travail, la nourriture ou l'abus de substances qui changent l'humeur, telles la drogue et l'alcool.

Le processus de guérison commence quand nous nous regardons nous-mêmes honnêtement. Nous voyons les conditions chaotiques de notre vie comme le résultat de notre manque de préparation à des rapports et à des responsabilités adultes. Dieu nous a donné une volonté libre. Nous pouvons choisir plusieurs façons d'entretenir des rapports avec les gens et les événements dans notre vie. Il importe de mettre de côté certains messages négatifs de notre enfance et de commencer à apprendre de nouveaux comportements qui nous seront plus utiles.

On a enseigné à certains d'entre nous que, si nous sommes chrétiens, notre vie sera "automatiquement" en ordre, et que nous jouirons de la paix et de la sérénité. Cependant, de nombreux chrétiens savent que leur vie est troublée, malgré leur intense pratique de la religion. Le changement demande du temps, de la patience et un engagement aux principes et aux voies de Dieu. Et notre expérience chrétienne n'élimine pas magiquement la douleur et les conséquences de notre passé. Par contre, notre foi nous permet de mener une vie en harmonie avec la volonté de Dieu.

Pour les chrétiens qui souffrent d'une maladie de dépendance ou qui sont issus d'une famille ayant des caractères de dépendance, le message de l'Église peut parfois être perçu comme provoquant la honte. Cela peut empêcher une personne de chercher la recouvrance. Il y a cependant rarement confusion quand le message de l'Église est un message d'honnêteté. La Bible a illustré cette honnêteté en exposant les forces et les faiblesses du peuple de Dieu. Malheureusement, certains considèrent qu'admettre une imperfection peut signifier que nous ne sommes pas de bons chrétiens. En vérité, admettre une imperfection veut dire que *nous avons besoin de Dieu*, ce qui est normal. La véritable recouvrance commence quand nous appliquons les principes spirituels incorporés dans les Douze Étapes. Et la véritable recouvrance se réalise facilement quand nous reconnaissons notre besoin d'aide, de réconfort et de courage pour faire face à nos problèmes.

Suivre les Étapes avec l'aide de Dieu nous permet de reconnaître une grande partie de notre nature négative ou réprimée. Le processus ressemble au jeu de la lumière du soleil et de l'ombre. Quand nous nous tenons dans la lumière du soleil, nous voyons que nous projetons une ombre. De même, quand nous commençons à suivre les Étapes et que nous nous mesurons selon les normes et les principes de Dieu, nous voyons nos besoins. Mais nous tenir devant le Seigneur et rechercher Sa grâce guérissante ne nous soulage pas nécessairement des conséquences de notre comportement antérieur. Nous trouvons, cependant, qu'en demandant l'aide de Dieu, nous pouvons commencer le travail du changement et de la guérison.

La recherche diligente de la volonté de Dieu sur nous et la mise en œuvre sérieuse du contenu de ce livre nous permettent d'examiner de nouveau nos rapports avec Dieu. Ce processus nous aide à découvrir de nouvelles façons par lesquelles l'Esprit Saint donne de la vigueur à notre vie quotidienne. Nous apprenons à regarder notre "ombrage" sans crainte — cette partie de nous que nous avons ignorée si longtemps. Avec l'aide de la grâce de Dieu, nous ressentons les changements dans nos comportements non voulus, tels qu'une fausse complaisance envers les gens, la répression de la colère, la pensée obsessionnelle ou le comportement sexuel déviant. Grâce à nos rapports avec le Christ, nous sommes en mesure de redéfinir les limites que nous nous imposons et nous découvrons que "tout est possible" à ceux qui aiment Dieu.

Pensée

Jugement de Dieu : nous recevons ce que nous méritons.
Miséricorde de Dieu : nous ne recevons pas ce que nous méritons.
Grâce de Dieu : nous recevons plus que nous méritons.
Dieu n'a pas de problèmes, seulement des desseins.

Avec la puissance de Dieu, le programme Douze Étapes devient un outil pour soulager notre souffrance, combler notre vide et aider la présence de Dieu à se répandre dans notre vie. Ce qui engendre de l'énergie, de la joie et de l'amour qui sont nouveaux pour nous. C'est un programme que nous suivons à notre propre rythme, selon notre propre façon. Nous faisons ce cheminement un pas à la fois, avec l'aide de Dieu et avec le soutien des autres dans le groupe. Tout ce qu'il nous faut, c'est l'ouverture d'esprit. Une grande partie du travail est faite par l'Esprit de Dieu qui opère à travers nous. Si nous suivons fidèlement les Étapes, nous remarquons en nous des progrès : dans notre prise de conscience, notre sensibilité, notre aptitude à aimer et à être libres. Notre croissance spirituelle et émotionnelle peut nous étonner.

Que Dieu vous bénisse.

Commencer votre
pèlerinage spirituel

Ce livre offre une manière pratique de se servir des Douze Étapes comme outil de recouvrance, et d'intégrer pleinement les Étapes comme une partie continue de notre pèlerinage spirituel. Le livre tire parti de l'intuition biblique pour nous aider à identifier et à résoudre des problèmes qui gênent notre vie. La solution de ces problèmes demande qu'on se fie à la dynamique de la Parole de Dieu et des Douze Étapes. Si nous abordons ce travail sérieusement, nous ferons l'expérience d'une recouvrance qui sera la source d'un bien-être physique, émotionnel et spirituel.

La confiance dans la direction et le soutien de Dieu est nécessaire. Dans ce programme, il importe de se rendre compte que Dieu veut que nous retrouvions l'équilibre. Il nous donne le courage de travailler, de lutter et de réussir. Dieu nous assure aussi le réconfort dont nous avons besoin pour Lui donner le contrôle de notre vie et nous abandonner au processus des Douze Étapes.

Si vous abordez les Douze Étapes pour la première fois, il importe que vous vous serviez d'autres ressources pour vous aider à cerner des problèmes plus spécifiques qui vous concernent. Plusieurs programmes anonymes Douze Étapes comportent des réunions centrées sur les problèmes de relations, de nourriture, de sexe, d'alcool, de drogues, etc. Faire partie de groupes, tels les Enfants Adultes de famille Dysfonctionnelle ou Alcoolique (E.A.D.A.), les Outremangeurs anonymes (OA) ou les Al-Anon, élargit votre compréhension des problèmes de recouvrance et vous unit à d'autres qui partagent des problèmes semblables. Vous en apprenez davantage sur vos propres problèmes et vous possédez une sorte d'instrument de résonance pour les problèmes qui peuvent émerger dans votre vie. Nous vous encourageons à lire d'autres écrits relatifs aux problèmes qui vous concernent directement. Cette lecture affinera votre prise de conscience et augmentera votre habileté à participer à ce processus. Les ressources d'entraide vous aideront à trouver un programme qui vous convient. Vous trouverez aussi d'autres ressources disponibles à votre bibliothèque ou dans votre annuaire téléphonique.

Les Douze Étapes sont un pèlerinage spirituel. On peut s'en servir pour se débarrasser de comportements autodestructeurs, comme d'un laboratoire où on peut apprendre de nouveaux comportements, et comme un moyen d'établir des rapports plus intimes avec Dieu. Lorsqu'on se sert des Étapes conjointement avec les groupes de soutien, elles fournissent l'occasion de faire l'expérience de nouveaux sentiments, de parler ouvertement avec les autres, de jouir de la vie un jour à la fois et de développer de saines relations. La rencontre des autres dans un groupe peut être un processus puissant et transformateur. La solitude diminue à mesure que s'intensifie la fraternité entre les membres du groupe. Les individus peuvent apprendre à se rapprocher les uns des autres en donnant aussi bien qu'en recevant réconfort et soutien. La communication en dehors des réunions est un élément vital du processus de recouvrance. Servez-vous du téléphone et d'autres moyens pour mener une vie sociale et pour vous soutenir les uns les autres en dehors des heures régulières de réunion.

Les relations qui s'établissent dans les groupes de soutien sont la source de nombreux avantages et bénéfices. Le fait de se trouver dans un groupe de soutien crée une atmosphère où de saines communications, semblables aux relations familiales, peuvent se développer. C'est un milieu sécuritaire où on peut apprendre la confiance. Les groupes fournissent un bon terrain pour un excellent partage où les secrets de famille n'ont plus besoin d'être cachés, et où le processus de nouveaux liens familiaux affectueux peut prendre racine.

Partout où il est possible de le faire, partagez vos intuitions avec quelqu'un en qui vous avez confiance. Le fait de communiquer vos découvertes à une personne fiable peut opérer des miracles dans votre cheminement en recouvrance. Vous aurez l'occasion de partager avec d'autres membres de votre groupe d'entraide, qui peuvent vous apporter soutien et encouragement. Pendant que vous partagez avec les autres et établissez des rapports au cours de ce cheminement, soyez conscients qu'ils ne sont pas là pour vous donner des conseils ou vous analyser. La guérison résulte du développement d'une relation avec votre Puissance supérieure.

Comme nous avons été exposés, dans notre jeunesse, à des comportements négatifs, de nombreux comportements inappropriés peuvent nous sembler normaux (par exemple, le ressentiment, l'avidité, l'abus sexuel, la malhonnêteté, la gloutonnerie, l'envie, la paresse). Les sentiments négatifs peuvent aussi nous sembler normaux (par exemple, l'apitoiement sur soi, la tristesse, l'insécurité, l'ennui, la crainte d'être rejeté, d'être abandonné). À mesure que nous progressons dans les Étapes, cette habitude de considérer des sentiments ou des comportements négatifs comme normaux changera. Nous ressentirons la croissance dans tous les domaines par un sens plus affiné de notre valeur et de notre estime personnelles. Les sentiments et les pensées honnêtes doivent donc être appréciés et encouragés. Ce qui nous permet d'exprimer nos facteurs de découragement ou de détresse avant qu'ils n'entravent le progrès du groupe.

Ne vous découragez pas si les Première, Deuxième et Troisième Étapes vous semblent accablantes — c'est une réaction commune aux personnes qui abordent les Étapes pour la première fois. Une intelligence et une saisie convenables de ces trois premières Étapes constituent la base du fonctionnement du programme. Prenez le temps de bien digérer ces Étapes. Ce qui peut exiger un certain temps. Soyez patient. Examinez-en bien le contenu et réfléchissez sur le sens de chacune des Étapes. L'impatience peut sérieusement nuire à votre efficacité.

Il est probable que vous passerez plus d'une fois par ces Étapes. Le programme est un processus qui dure toute la vie et doit être mis en œuvre régulièrement, en partie ou totalement. À un certain moment, vous pourriez envisager de participer à un groupe qui se sert de *The Twelve Steps – A Spiritual Journey* (Les Douze Étapes – Un voyage spirituel), un cahier d'exercices qui comporte des questions et des exercices relatifs au contenu de ce livre. Notre livre ne doit pas être votre unique instrument de travail. C'est seulement une partie de votre mise en œuvre des Douze Étapes.

Le contenu des Douze Étapes utilisé dans ce livre est le cadre de référence à partir duquel vous pouvez revoir les expériences de votre vie avec amour et courage. Nous nous rendons compte que nous avons atteint ce point sans connaître grand-chose de nous-mêmes. À mesure que nous acquerrons une relation plus intime avec Dieu, un plus grand nombre d'éléments nous seront révélés.

Peu à peu nous sera donnée la force de rejeter notre passé derrière nous et de construire une nouvelle vie. La profondeur de notre relation avec Dieu augmentera à mesure que nous Le connaîtrons mieux (Psaume 119). Notre vie peut devenir moins compliquée si nous suivons régulièrement les Étapes et si nous continuons à améliorer nos rapports avec Dieu, notre Puissance supérieure. Quand nous agirons ainsi, notre vie sera bénie d'une grâce continue de paix et de sérénité venant de Dieu (Jean 14, 27).

Travailler avec un partenaire en recouvrance

Le souci, le soutien et l'apport des autres sont essentiels au processus de recouvrance. Une façon d'assurer ce soutien est de travailler avec un partenaire en recouvrance. Ecclésiaste 4, 9-10.12 précise le principe d'un partenariat centré sur le Christ : « *Mieux vaut être deux que seul, car ainsi le travail donne bon profit. En cas de chute, l'un relève l'autre; mais qu'en est-il de celui qui tombe sans personne pour le relever?... Là où un homme seul est renversé, deux résistent, et le fil triple ne rompt pas facilement.* »

Un "partenaire en recouvrance" est quelqu'un qui sera là pour nous quand le groupe de soutien n'y est pas, quelqu'un que l'on peut appeler entre les réunions et en qui on peut avoir confiance. On peut se fier à un partenaire en recouvrance pour la prière et il peut nous aider à reconnaître combien la dénégation peut nous empêcher de découvrir la vérité sur nous-mêmes. Le travail avec un partenaire rend plus facile l'identification de nos craintes et de nos ressentiments, de même que l'identification de nos comportements contradictoires et dépendants.

Le partage avec un partenaire en recouvrance offre l'occasion d'entretenir une relation de personne à personne sans les distractions que l'on rencontre dans une réunion de groupe. Les individus qui se sont sentis trahis dans le passé trouveront là une chance de développer la confiance mutuelle en communiquant personnellement avec un partenaire en recouvrance. Nous pouvons nous révéler à une autre personne sans nous sentir intimidés par les autres dans une assemblée de groupe. Cette dynamique peut fournir l'occasion d'une percée en vue de nous fier à quelqu'un et d'être prêts à partager ouvertement avec l'autre les expériences de notre vie.

Le choix d'un partenaire en recouvrance

Un partenaire en recouvrance est comme un guide ou un parrain. Cette personne peut être un modèle pour apprendre comment jouir d'une meilleure qualité de vie par l'amour de Dieu et la sagesse du programme. Il importe de choisir quelqu'un qui manifeste des qualités que vous appréciez et que vous respectez. Ces qualités peuvent inclure :

– la croyance en la foi chrétienne et la volonté de partager son cheminement avec Dieu;

– la sincérité et l'honnêteté dans le partage des histoires personnelles de recouvrance et comment les Douze Étapes fonctionnent dans sa vie;

– la volonté de fournir soutien et encouragement en écoutant et en donnant une réaction honnête sans essayer de contraindre au changement;

– l'aptitude à faire face à des problèmes difficiles et à prendre la responsabilité au sujet de la fidélité aux engagements; et

– l'ouverture d'esprit dans la communication en tous domaines, même quand on discute de problèmes délicats comme l'abus sexuel, la violence ou d'autres sujets facilement traumatisants.

En choisissant un partenaire en recouvrance, il est bon de choisir un individu :

– qui partage avec vous des intérêts communs, des expériences communes et qui présente des résultats positifs quant à la recouvrance;

- qui comprend et s'identifie à des comportements de dépendance, compulsifs ou obsessionnels;

- qui a de la patience et de la compassion, qui est disposé à écouter attentivement et à offrir des suggestions sans donner de conseils;

- qui est disponible pour passer du temps avec vous quand c'est nécessaire; et

- qui est du même sexe que vous et qui peut traiter de problèmes personnels de façon non menaçante.

Quelques questions et attentes qui surgissent dans le choix d'un partenaire en recouvrance sont :

- **Que penser de la peur d'être rejetés?** Le processus de traitement de la peur du rejet peut se présenter quand on demande à quelqu'un d'être un partenaire en recouvrance. Parce que le programme encourage une rigoureuse honnêteté, nous devrions commencer en parlant à l'autre personne du malaise que nous éprouvons en cherchant un partenaire en recouvrance. Nous devrions offrir à l'autre personne une totale liberté de choix, puis nous détacher du résultat en ayant confiance que la volonté de Dieu prévaut.

- **Qu'arrive-t-il si on vous demande d'être partenaires et que vous ne voulez pas?** Ce programme peut aider à fixer des frontières pour nous-mêmes. Ces frontières incluent la façon dont nous passons notre temps, exprimons nos sentiments et nouons de nouveaux rapports. Savoir quand il faut dire : « Merci d'avoir demandé, mais je ne peux pas » est une manière de fixer des frontières. Fixer des frontières peut être une phase importante pour simplifier notre vie et n'exige pas d'explication.

- **Comment mettre fin à un partenariat en recouvrance?** Mettre fin à un partenariat en recouvrance fait partie de l'apprentissage du temps où il faut choisir un soutien plus approprié. Cela nous rappelle aussi qu'une personne peut ne pas satisfaire indéfiniment aux exigences relatives à un partenaire en recouvrance. La croissance personnelle est une partie naturelle du processus. Il peut cependant en résulter une très sincère amitié.

Les avantages d'un partenaire en recouvrance

Il y a des avantages à retirer du travail avec un partenaire en recouvrance, y compris l'observance des exhortations bibliques. Voici une liste de quelques-uns des avantages que l'on peut retirer des références bibliques.

• Les partenaires assurent un système sans danger de responsabilité mutuelle. Par exemple, un partenaire peut accepter d'appeler l'autre et lui demander son soutien et sa prière pour résister à une habitude fâcheuse.

Confessez donc vos péchés les uns aux autres et priez les uns pour les autres, afin que vous soyez guéris. La supplication fervente du juste a beaucoup de puissance. (Jc 5, 16)

• Les partenaires subviennent aux domaines spécifiques des besoins des uns des autres, avec des prières appropriées chaque fois qu'ils se rencontrent. Partager ouvertement ses pensées et ses sentiments aide à préciser les besoins selon les problèmes. Ceci contribue à nous libérer du passé. L'essentiel est de vivre honnêtement dans le présent avec des attentes réalistes.

Priez sans cesse. En toute condition soyez dans l'action de grâces. C'est la volonté de Dieu sur vous dans le Christ Jésus. (1 Th 5, 17)

• Les partenaires s'encouragent mutuellement à progresser d'un état de maladie physique, émotionnelle et spirituelle à une vie équilibrée. Il est normal de se sentir mal à l'aise quand des comportements malsains qui nous sont coutumiers se transforment. Le comportement sain est le résultat de l'accomplissement de la volonté de Dieu.

... faisons attention les uns aux autres pour nous stimuler dans la charité et les œuvres bonnes. (He 10, 24)

- Les partenaires s'aident mutuellement en appliquant les vérités bibliques à des besoins et à des rapports personnels. Quand des partenaires partagent ouvertement leurs fautes, l'honnêteté, la confiance et la guérison se manifestent. Ce qui veut aussi dire qu'on peut à juste titre citer l'Écriture pour éclairer une expérience. Il ne convient cependant pas d'exagérer le point de vue spirituel et d'oublier la vulnérabilité du moment ou de perdre la véritable portée de ce qui est partagé.

Jésus dit : « Si vous demeurez dans ma parole, vous êtes vraiment mes disciples et vous connaîtrez la vérité et la vérité vous libérera. » (Jn 8, 31-32)

Entente mutuelle entre les partenaires en recouvrance

Un point essentiel en établissant des relations avec un partenaire en recouvrance est de s'entendre sur la façon dont les partenaires désirent agir l'un envers l'autre. Cette entente peut fixer :

- quelles sont les attentes réciproques;

- pendant combien de temps ce partenariat existera;

- des temps spécifiques qui permettent d'évaluer la qualité des relations; et

- la manière de mettre fin à cette entente.

L'entente encourage les partenaires à faire des efforts sincères pour :

- se concentrer sur les Douze Étapes comme un outil qui met en valeur les rapports avec Dieu et avec les autres.

  Parfois, un encouragement ou une rencontre est nécessaire quand l'un ou l'autre a cessé de suivre les Étapes. Si un partenaire n'est pas disponible ou ne peut pas répondre à une question, on doit rechercher d'autres compagnons de cheminement dans les Douze Étapes pour aider à comprendre comment ils se servent de cette discipline dans leur recouvrance. Il ne convient pas d'imposer ses vues personnelles à un partenaire en recouvrance, particulièrement en ce qui concerne la relation avec Dieu.

- être disponibles pour les appels téléphoniques ou pour une rencontre personnelle.

  Prendre des engagements et les respecter est un élément important du succès en recouvrance. Prendre l'engagement d'être disponibles peut être quelque chose de nouveau, mais c'est un facteur important du succès. La guérison et le changement sont plus faciles quand quelqu'un(e) est disponible pour apporter soutien et encouragement.

- partager ses véritables sentiments avec son partenaire en recouvrance.

  Une honnêteté absolue est importante quand on partage les sentiments. La guérison est plus facile quand les partenaires disent la vérité. Les sentiments exigent un aveu et une expression appropriée sans être jugés comme bons ou mauvais. Le choix de certaines divulgations de secret en parlant des sentiments peut créer des doutes entre les partenaires.

- respecter la confidentialité et se garder de tout commérage.

  Ce programme est édifié sur la confiance. La crainte de commérage peut empêcher certaines personnes de partager leur douleur. La guérison ne pourra advenir à moins qu'on ait confiance que les choses personnelles partagées entre partenaires demeureront confidentielles.

- accepter certains inconvénients comme faisant partie du processus de guérison et être disposés à en parler.

  Certaines rencontres peuvent être pénibles quand elles rappellent le souvenir de certains événements ou de sentiments blessants. Il importe d'avoir un partenaire en recouvrance qui soit prêt à manifester de la compassion et à être d'un bon soutien quand on traite de problèmes pénibles qui nous mettent mal à l'aise. Il est préférable d'avouer le malaise et d'en discuter. Un partenaire en recouvrance peut nous aider à faire face à ces problèmes sans recourir à de vieilles méthodes d'affrontement.

- se soutenir mutuellement en écoutant avec attention et en offrant des réactions constructives.

  Écouter attentivement et offrir une réaction nous permet de choisir des options et des démarches possibles. Ceci peut renforcer notre aptitude à faire des choix sains pour assurer de bons résultats. La réaction, cependant, ne doit pas devenir un conseil non sollicité.

- se garder d'exagérer le point de vue spirituel ou intellectuel dans le partage.

  Les partenaires ne sont pas des directeurs spirituels l'un pour l'autre ni des conseillers dans des domaines qui peuvent être mieux gérés par des membres du clergé ou des thérapeutes professionnels. Par contre, les partenaires doivent partager mutuellement leur expérience, leur force et leur espoir personnels. Dans les questions spirituelles, les partenaires en recouvrance partagent la façon dont Dieu œuvre dans leur vie sans exagérer le point de vue spirituel ou tomber dans le prêchi-prêcha.

- passer au moins 15 minutes par jour à lire les Écritures, à prier et à méditer, y compris à prier pour son partenaire en recouvrance.

  Prier, c'est parler à Dieu; méditer, c'est écouter Dieu. Le temps passé à prier et à méditer peut être un temps essentiel du processus de recouvrance. Notre programme est un programme spirituel fondé sur la recherche de la volonté de Dieu et l'expérience de Sa grâce.

Dernières pensées

Il importe d'être tolérant et d'accepter notre partenaire en recouvrance et les autres. Ce qui ne veut pas dire qu'il faille approuver leurs fautes de comportement de dépendances ou la rationalisation qu'ils cherchent à en faire. Être capable de se détacher avec affection signifie ne pas considérer les fautes de comportement comme un affront personnel prouvant qu'on a échoué par rapport à notre partenaire en recouvrance.

Les partenaires ne sont pas responsables les uns des autres. Leur responsabilité consiste à écouter et à répondre selon leur propre expérience, leur force et leur espoir. Avoir une personne à qui l'on se fie et qui nous écoute aide dans le travail du processus de prise de décision. Avoir un partenaire en recouvrance peut être une façon de faire l'expérience de l'amour inconditionnel de Dieu pour la première fois.

Caractéristiques communes de comportement

Les adultes qui ont été élevés dans des foyers dysfonctionnels possèdent certaines caractéristiques communes de comportement. C'est particulièrement vrai quand les responsables du foyer étaient des individus dépendant de drogues chimiques ou réprimés émotionnellement. Leurs comportements révèlent une structure sous-jacente de désordres qui nuit à ceux qui sont concernés. Bien que la population, en général, manifeste de tels comportements, les individus venant de familles dysfonctionnelles ont tendance à avoir plus fréquemment ces caractéristiques. Cet exercice veut vous aider à identifier les sphères de votre vie où des caractéristiques de comportement dysfonctionnel se manifestent. Des exemples sont donnés pour vous aider à identifier certaines de vos pensées, certains de vos sentiments et comportements.

- Nous avons des sentiments de faible estime de nous-mêmes qui nous portent à nous juger et à juger les autres sans pitié. Nous cachons ces sentiments ou les compensons en essayant d'être parfaits, nous prenons la responsabilité des autres, nous contrôlons les suites d'événements imprévus, nous nous fâchons quand les choses ne vont pas à notre goût, ou nous faisons du commérage au lieu de faire face à un problème. Par exemple :

- Je ne suis pas heureux dans une église et je pense que tous dans l'église sont chargés d'imperfections et de problèmes.

- Je ne me sens pas à ma place au travail.

- Je suis porté à parler de ma famille et de ma famille élargie. Je débite souvent leurs défauts et leurs faiblesses à d'autres.

- Quand je suis seul avec mes propres pensées, je suis porté à me critiquer. Parfois, je sens que je suis stupide, inapte, laid ou sans valeur.

- Je ne me sens jamais vraiment accepté, alors je fais plus que ce que je dois faire pour être remarqué.

- Je ne me sens pas important. J'essaye d'aider les autres dans l'espoir qu'ils me remarqueront.

- Je me sens incompétent au travail.

- Je fais du commérage et je me plains de ceux qui me font sentir impuissant.

• Nous sommes portés à nous isoler et à être mal à l'aise avec certaines gens, surtout des gens d'autorité. Ainsi :

- Je n'attire pas l'attention sur moi à l'église. J'arrive tard aux offices, je m'assieds au fond et je quitte tôt.

- J'aime à me perdre dans le paysage au travail. Je ne veux surtout pas que le patron me remarque.

- Je me sers beaucoup de mon répondeur à la maison, et je m'en sers pour filtrer les appels, même quand je suis à la maison.

- Je me sens mal à l'aise dans la plupart des conversations, surtout quand je deviens le point de mire.

- Quand je parle avec quelqu'un qui détient l'autorité, j'ai de la difficulté à m'exprimer.

- Chaque fois qu'il y a une voiture de police derrière moi, je sais que l'officier me surveille.

- Je m'isole parce que c'est plus facile que d'avoir affaire aux autres.

• Nous recherchons l'approbation et nous ferions n'importe quoi pour que les gens nous aiment. Nous sommes très loyaux même quand il est évident que quelqu'un ne mérite pas notre loyauté. Ainsi :

- J'offre de rendre service aux gens avant même qu'ils ne le demandent.

- Au travail ou à l'église, je me charge de plus de projets que je ne peux en réaliser.

- Je me préoccupe de ce que les autres pensent et disent de moi. Quand les gens arrêtent de parler lorsque j'approche, je suppose qu'ils parlaient de moi.

- Bien que je n'aime pas mon patron ou mes amis, je leur suis loyal parce que je crains d'être rejeté.

- Je me vante de mes succès, de mes exploits ou de mon bon travail pour recevoir un témoignage d'appréciation ou de louange. Mais quand mes collègues ou mes amis me louent, je suis incapable de l'accepter.

- Je trouve difficile d'admettre que je viens d'une famille dysfonctionnelle. Je me sens coupable quand j'admets que mes parents n'étaient pas parfaits.

• Nous sommes effrayés par les gens en colère et par la critique personnelle. Ce qui nous rend inquiets et hypersensibles. Par exemple :

- Je trouve presque impossible d'écouter un sermon traitant "du feu et de l'enfer".

- Lorsque quelqu'un aux fortes opinions me parle, je partage rarement mes véritables sentiments. Je dis plutôt ce que je pense que l'autre personne veut entendre.

- J'entretiens parfois un désir secret de me venger des gens en colère et entêtés qui menacent ma paix.

- Je panique lorsque quelqu'un signale une erreur ou un problème au sujet de mon travail.

- Je suppose qu'un membre de ma famille ou un ami est irrité ou malheureux avec moi s'il exprime le désir de me voir changer ou aller dans un domaine donné.

- Quand je sens que quelqu'un m'a critiqué injustement, je rêve aux façons de me venger. Je fais l'impossible pour prouver que l'autre a tort. Je fais connaître à tous le traitement injuste ou je cherche des amis qui seront d'accord avec moi et me consoleront.

- Nous préférons habituellement entretenir des relations avec des gens sans émotion ayant des personnalités dépendantes. Nous sommes moins attirés par les gens sains et généreux. Par exemple :

  - Je suis en relation avec quelqu'un qui semble ne se soucier de rien. J'ai l'impression que mes problèmes n'ont aucune importance.

  - Je sens que je satisfais toujours les besoins de mon conjoint, mais mon conjoint ne fait jamais d'effort pour satisfaire mes besoins.

  - Je passe beaucoup de temps à penser à ce que ce serait d'être marié à quelqu'un d'autre.

  - La vie est toujours une crise. Je me demande ce que ce serait de vivre une vie normale.

  - D'autres et non moi-même semblent préparer l'agenda de ma vie.

– Je sens parfois que je mérite de "céder" à la tentation, surtout après avoir tant souffert et avoir fait tant de choses pour les autres.

- Nous menons des vies de victimes et nous sommes attirés vers d'autres victimes dans nos relations d'amour et d'amitié. Nous confondons l'amour et la pitié, et nous sommes portés à "aimer" les gens dont nous pouvons avoir pitié et que nous pouvons sauver. Par exemple :

  – Je sens que je ne mérite pas la vie que je mène.

  – Il me semble que j'ai toujours le petit bout du bâton, et je suis d'accord avec le dicton : "Aucune bonne action ne reste sans châtiment".

  – Je me sens presque fier de moi quand je fais du bien aux autres. Cependant, je sais par expérience qu'ils ne l'apprécieront pas.

  – Mes amis me disent que je suis excellent pour écouter, mais je déteste à quel point ils perdent tout intérêt quand je partage mes idées.

  – Je passe une grande partie de mon temps à régler les problèmes des autres.

  – Mes ressources et mes finances servent toujours à régler les crises de quelqu'un d'autre.

  – Je fais rarement les choses que j'aime faire quand je suis avec les autres.

- Nous sommes toujours trop responsables ou très irresponsables. Nous essayons de résoudre les problèmes des autres ou nous nous attendons à ce que les autres soient responsables à notre égard. Ce qui nous permet d'éviter d'examiner de très près notre comportement. Par exemple :

- Je crois que c'est ma fonction de régler les querelles familiales.

- On m'appelle habituellement quand des membres de la famille ont des problèmes.

- Personne à mon travail ou à mon église ne se préoccupe autant ou ne travaille autant que moi.

- J'accepte toujours plus de travail que je peux en faire.

- Quand les choses ratent à la maison ou au travail, je sens toujours que j'ai failli d'une façon ou d'une autre.

ou bien

- Je sens que je suis trop handicapé pour faire ma part.

- Les autres ne comprennent pas combien je suis vraiment malade et on s'attend à ce que je fasse trop de travail.

- Après tout ce que j'ai fait, je crois que les autres devraient me laisser tranquille. On ne m'apprécie vraiment pas ou on ne me comprend pas.

- Je n'attends qu'une bonne chance pour m'impliquer de nouveau dans la vie.

- J'attends que Dieu fasse des changements positifs dans ma vie.

• Nous nous sentons coupables quand nous défendons notre cause ou quand nous nous affirmons. Nous cédons aux autres au lieu de prendre soin de nous-mêmes. Par exemple :

- Après avoir eu une conversation avec un ambitieux, je pense : « J'aurais dû dire ceci ou cela, ou j'aurais dû dire ce que je pense vraiment. »

- Après avoir défendu mes droits, je me sens coupable et je pense qu'après tout j'ai peut-être tort.

- Bien que je ne sois pas d'accord avec quelqu'un, je ne peux pas dire ce que je pense réellement.

- Quand je me sens en sécurité avec un ami intime, ou un membre de la famille, je fais part de tous mes ressentiments contre les ambitieux que je connais.

- Je me sens malade quand on me dit que certaines gens veulent me voir ou me parler.

- J'accumule un tas de colère à l'intérieur de moi-même au lieu de m'en libérer comme il convient. Parfois, je crie, je claque les portes ou je casse des objets quand il n'y a personne aux environs.

- Nous nions, minimisons ou réprimons nos sentiments. Nous éprouvons de la difficulté à exprimer nos sentiments et nous ne nous rendons pas compte de l'influence que tout cela peut avoir sur notre vie. Par exemple :

  - Il y a des tranches de mon enfance que je ne peux simplement pas me souvenir.

  - Je réagis parfois avec une panique, une inquiétude ou une crainte accablante dans certaines situations, et je n'ai aucune idée pourquoi il en est ainsi.

  - Je trouve difficile de me sentir vraiment excité au sujet de ce qui arrive. Les autres sont contrariés parce que je ne partage pas leur enthousiasme.

  - Je me méfie de toute émotion trop forte, dans la crainte que toute manifestation de joie puisse causer une catastrophe.

  - Mon conjoint ou mon compagnon se plaint de ce que je ne suis pas très chaleureux.

  - Quand je commence à ressentir trop d'inquiétude ou de crainte, ou quand j'entends le comité dans ma tête, je cherche quelque chose qui puisse me distraire ou étouffer la douleur.

- Nous sommes des personnalités dépendantes, terrifiées du rejet ou de l'abandon. Nous sommes portés à garder un travail ou des relations qui nous sont malfaisantes. Nos craintes peuvent, soit nous empêcher de mettre fin à des relations préjudiciables, soit nous empêcher de nouer des relations saines et enrichissantes. Par exemple :

  - Je déteste mon travail mais je ne le quitte pas. Mes amis et ma famille m'ont conseillé d'essayer un autre genre de travail.

  - Lorsque quelqu'un près de moi est silencieux ou émotivement absent, je panique et je crains le pire.

  - Si mes supérieurs ne semblent pas reconnaître mon travail, je suppose que mon travail ne leur plaît pas et qu'ils sont disposés à me laisser tomber.

  - Quand je ne suis pas d'accord avec un ami ou un compagnon, je crains plus tard d'avoir ruiné pour toujours nos relations. Je peux même appeler plusieurs fois pour replacer les choses ou m'excuser.

  - Je rêve souvent, les yeux ouverts, à ce que serait ma vie si j'avais un travail, un conjoint, des amis différents de ceux que j'ai.

  - J'aimerais m'évader de ma vie pour un moment, mais je crains à mort que je n'aurais nulle part où aller et personne à qui m'adresser.

- La dénégation, l'isolement, le contrôle et une culpabilité mal placée sont des symptômes d'une famille dysfonctionnelle. À cause de ces comportements, nous sommes désespérés et impuissants. Par exemple :

  - Je souhaite seulement que les gens me laissent tranquille.

  - Parfois, j'ai bien hâte de retourner chez moi, de fermer la porte et de perdre tout contact avec la réalité.

- Je cherche à gouverner ma propre vie, mais les circons-tances et d'autres gens viennent toujours contrarier mes plans.

- Je m'efforce d'en dire le moins possible sur moi-même ou j'essaye d'accepter ce que les gens pensent de moi.

- Je ne dis pas toujours toute la vérité quand je parle de moi-même. J'en dis juste assez et rien de plus.

- Je me rappelle souvent mes anciennes erreurs. Je me dis même combien je suis stupide.

- Je n'espère guère que les choses vont changer. La chance arrive aux autres, pas à moi. Il semble qu'une malédiction ou quelque chose de semblable pèse sur moi.

• Nous éprouvons des difficultés dans nos rapports inti-mes. Nous manquons de sécurité et nous manquons de confiance dans les autres. Nous n'avons pas de frontières bien définies et nous nous prenons au piège des besoins et des émotions de nos partenaires. Par exemple :

- Je sens que peut-être mon conjoint a été contraint de quelque façon de m'épouser et que, maintenant, il le regrette.

- Quand mon conjoint ou mon compagnon est déprimé ou abattu, je suppose que c'est de ma faute. Je trouve impossible de me sentir mieux avant qu'il le soit.

- Quand un de mes proches est en colère, je me sens aussitôt menacé, même si la colère est contre une autre personne ou contre une force extérieure.

- Je peux faire l'amour avec mon conjoint, mais je trouve parfois difficile de me sentir vraiment intime ou romantique.

- Je déprécie parfois mon apparence (si ce n'est qu'en moi-même) ou je doute de l'attrait que je possède.

- — Il se peut que j'essaye de changer l'humeur de mon conjoint ou de mon compagnon en suggérant une activité agréable.

- Nous trouvons difficile d'exécuter un projet du commencement à la fin. Par exemple :

  - — Je termine la plupart de mes projets à la dernière minute.

  - — Mon bureau est couvert de grands projets au sujet desquels *j'étais* enthousiaste, mais que je n'ai jamais réalisés.

  - — Les gens me demandent souvent ce qui est advenu de... (tel projet ou telle idée). Je réponds qu'un événement plus important est survenu, mais la vérité est que j'y ai perdu intérêt.

  - — J'ai un tas de lettres et de papiers sur mon bureau qui attendent que je m'en occupe.

  - — J'ai au moins une chambre (ou plus) chez moi que, j'espère, personne ne doit voir.

  - — Je me sens coupable quand je pense à tout le temps et à toutes les ressources que j'ai gaspillés sur des idées ou des plans à moitié formés.

- Nous éprouvons un grand besoin de prendre le contrôle de tout. Nous nous épuisons à changer ce sur quoi nous n'avons aucun contrôle. Par exemple :

  - — Je veux savoir ce que mon conjoint ou mes enfants font actuellement. Il m'arrive même de faire des recherches dans leurs affaires personnelles.

  - — On s'est aperçu que j'écoutais des conversations qui ne me regardaient pas.

  - — Mes enfants me disent que je les étouffe. Parfois, ils menacent de quitter la maison ou de s'enfuir.

- Si d'autres gens travaillent pour moi, je trouve difficile de les laisser exprimer leur créativité. Je veux que les choses se fassent à ma façon.

- Je deviens très en colère quand une commande au restaurant n'est pas bien remplie.

- Quand il arrive des situations sérieuses qui sont au delà de mon contrôle, je panique et je décharge ma frustration sur d'autres personnes près de moi. Ou je prends le contrôle dans un débordement d'activité.

- Quand mes enfants ont le moindre problème, je ne peux pas être tranquille avant d'avoir fait tout ce que je peux pour régler la situation.

- Je trouve très difficile de me détendre ou de dormir. Les gens me disent que j'ai un tempérament très nerveux.

• Nous sommes portés à être impulsifs. Nous passons à l'acte avant d'examiner d'autres comportements, ou des conséquences possibles. Par exemple :

- J'accepte de tout régler pour moins que je désire, parce que je trouve difficile de décider.

- J'écris parfois des lettres que je voudrais bien récupérer.

- Je vais à des endroits ou je fais des choses sans y avoir bien pensé. J'ai commis bien des "gaffes" dans la vie.

- Je prends des engagements que je regrette plus tard. Il m'arrive même de demander à mon conjoint ou à mes enfants d'appeler pour annuler mes engagements.

- Je trouve difficile d'attendre en ligne dans une file de gens. Je préfère faire un tour ennuyeux dans un parc d'amusement plutôt que d'attendre en ligne pour faire le meilleur tour.

Première Étape

Nous avons admis que nous étions impuissants
face aux effets de notre séparation d'avec Dieu
— que nous avions perdu la maîtrise de nos vies.

• • •

Car je sais que nul bien n'habite en moi, je veux dire
dans ma chair; en effet, vouloir le bien est à ma portée,
mais non pas l'accomplir. (Rm 7, 18)

Pour comprendre la Première Étape

Quand nous étions jeunes, nous étions parfois chatouillés par des plus grands que nous. Souvent, ils nous chatouillaient tellement que nous perdions tout contrôle. Nous suffoquions et criions d'arrêter, et nous hurlions : « J'abandonne, arrêtez, s'il vous plaît. » Ils arrêtaient parfois quand nous criions et parfois ils n'arrêtaient que lorsqu'un plus grand venait à notre secours.

La Première Étape ressemble à cet épisode de notre enfance. Notre vie et notre comportement sont comme ce cruel chatouilleur qui inflige douleur et malaise. Nous en sommes la cause. Nous avons pris le contrôle pour nous protéger nous-mêmes et le résultat a souvent été le chaos. Et maintenant, nous ne voulons pas perdre le contrôle et nous libérer du tourment. Dans la Première Étape, nous admettons que nous ne pouvons plus le supporter. Nous supplions de nous soulager. Nous crions : « Je cède. »

Mise en œuvre de la Première Étape

Nous ne devons rien chercher de compliqué ni de profond dans la Première Étape. Nous nous abandonnons plutôt et envisageons notre douleur bien en face. Il se peut que nous ayons passé notre vie en cherchant à éviter, à cacher ou à traiter la douleur. La Première Étape est une bonne occasion de faire face à la réalité et d'admettre que la vie ne fonctionne pas quand nous essayons de la diriger. Nous avouons notre impuissance et nous cessons de prétendre nous mener.

Préparation à la Première Étape

La façon dont nous dirigeons notre vie nous mène au bout de la corde. Nous touchons le fond. Nos méthodes et nos efforts ont failli. À ce moment, la Première Étape fournit la direction dont nous avions besoin pour nous gouverner. Nous nous préparons en nous rendant compte que la Première Étape est le premier pas d'un voyage spirituel vers l'intégrité. Cette Étape est un arrêt. Elle met fin à nos efforts et nous permet d'abandonner.

Prière pour la Première Étape

Aujourd'hui, je demande de l'aide pour ma recouvrance. Je me sens un peu perdu et je ne suis aucunement sûr de moi. La dénégation m'a empêché de voir combien je suis impuissant et combien ma vie est devenue ingouvernable. J'ai besoin d'apprendre et de me rappeler que je ne peux pas diriger ma vie ou la vie des autres. J'ai également besoin de me rappeler que la meilleure chose que je puisse faire maintenant, c'est de lâcher prise. Je choisis de lâcher prise — j'admets que je suis impuissant et que j'ai perdu la maîtrise de ma vie.

*L*es idées présentées dans la Première Étape sont accablantes pour la plupart de nous jusqu'à ce que nous commencions à voir notre vie comme elle l'est réellement. Il est menaçant d'imaginer que nous pouvons être impuissants et que notre vie peut être incontrôlable. Nos expériences de vie, toutefois, nous rappellent que notre comportement n'apporte pas toujours paix et sérénité. Notre passé, s'il a été affecté par l'alcool ou d'autres types de dysfonction familiale, sape nos meilleurs projets, désirs et rêves. Souvent, notre passé trouble nous a éloignés de Dieu et de nous-mêmes. Notre vie est remplie de comportements désagréables et d'émotions accablantes.

On peut nous avoir enseigné que nous n'avons qu'à accepter le Christ comme notre Seigneur et Sauveur pour que notre vie soit pleine et satisfaisante. Il se peut que nous nous soyons fiés à cet enseignement pour préparer l'au-delà. Notre proclamation que « Je suis né de nouveau; tout le passé est effacé; je suis une nouvelle créature; le Christ m'a totalement changé » est vraie. Nos esprits renaissent, mais comme nous avons toute une vie d'habitudes et de blessures, il nous faut plus que le salut. Nous avons besoin de transformation — le dur travail de changement. Donner une valeur supraspirituelle au travail initial du salut peut nous faire renier la condition véritable de notre vie.

Le fait que nous ressentions encore du chagrin au sujet de notre passé n'est pas un signe d'une relation à Dieu qui n'a pas réussi. La présence de ce chagrin ne diminue pas l'influence du salut dans notre vie. C'est simplement un signal qu'il nous faut commencer un processus de guérison en suivant chaque jour les Étapes avec l'aide de Dieu. Avec le temps, Dieu apportera la guérison et fera les changements nécessaires dans notre vie. Admettre la souffrance et les problèmes peut sembler en contradiction avec la ferme affirmation du salut, mais il n'en est rien. La Bible est pleine de récits d'hommes et de femmes qui ont lutté sans cesse pour dominer des égarements passés et vaincre les nombreuses tentations de la vie.

L'idée qu'il y a des domaines de notre vie sur lesquels nous sommes impuissants est nouvelle pour nous. Il nous est beaucoup plus facile de sentir que nous détenons le pouvoir et que nous exerçons le contrôle. L'apôtre Paul, dans son épître aux Romains, décrit son impuissance et l'impossibilité de diriger sa vie. Il décrit son comportement de pécheur comme étant une preuve de sa séparation d'avec Dieu (Rm 7, 14). Et cependant, cet aveu ne vient pas à l'encontre de son engagement envers la volonté de Dieu. Sans connaître en détail les antécédents de Paul, nous pouvons seulement supposer, en nous basant sur ses commentaires, que sa volonté propre lui créait des problèmes. La volonté de Paul entrait en conflit avec la volonté de Dieu. À cause de nos antécédents, nous fonctionnons de façon fort semblable à Paul, en laissant notre volonté propre agir contre nous.

Nous vivons dans un monde où la culture accorde une grande valeur aux réalisations individuelles. La plupart d'entre nous, depuis le temps où nous étions enfants, avons été éblouis par l'idéal d'un grand exploit. Savoir être compétitif à l'école, dans les sports et dans les affaires est considéré comme important dans notre société. On nous enseigne que si nous luttons énergiquement dans la concurrence, nous serons "des gagnants" et, par conséquent, des gens estimables. Si, d'autre part, nous ne nous montrons pas à la hauteur de ce qu'on attend de nous, et si nous sommes des perdants, nous croyons que nous avons échoué. Vu le manque de bons modèles de comportement pendant notre enfance, bon nombre d'entre nous demeurent confus. Nous ne savons pas où nous situer. Nous continuons à déterminer notre valeur et notre estime de soi par ce que nous faisons et par ce que les autres pensent de nous, et non par ce que nous sommes dans le Christ. Dans une rétrospective sur notre passé, nous pouvons continuer à nous considérer comme des perdants. Nous pouvons nous conditionner à l'échec. Notre piètre estime de nous-mêmes nous empêche d'être des gagnants et devient cause de stress extrême et d'anxiété.

À mesure que nous grandissons, les choses empirent. Notre vie dominée par le stress ne nous apporte aucune satisfaction et le stress accroît nos problèmes. Nos peurs et notre insécurité augmentent, et créent en nous un sentiment de panique. Certains parmi nous ont recours à l'abus de substances qui changent les attitudes, telles que les drogues, l'alcool ou la nourriture pour soulager leur tension. De manière plus subtile, nous pouvons nous absorber dans les activités d'église, dans le travail, les relations ou d'autres comportements compulsifs ou de dépendance pour essayer de lutter contre les inquiétudes qui semblent nous envahir. Lorsque nous sommes aux prises avec nous-mêmes et que nous nous rendons compte que toute notre vie est une course effrénée, nous sommes prêts pour la Première Étape. Nous n'avons pas d'autre choix que d'admettre que nous sommes impuissants et que notre vie est devenue ingouvernable. Lorsque nous commençons à reconnaître la gravité de notre condition, il importe de rechercher de l'aide pour arrêter notre course folle.

La Première Étape constitue la base pour la mise en œuvre des autres Étapes. Dans cet affrontement vital avec les circonstances de notre vie, nous avouons notre impuissance et acceptons le fait que nous ne pouvons pas diriger notre vie. Nous rendre à cette idée n'est pas chose facile. Bien que notre comportement ne nous ait apporté que stress et chagrin, il est difficile de nous abandonner et d'avoir confiance que les choses s'amélioreront. Nous pouvons éprouver confusion, somnolence, tristesse, insomnie ou remords. Ce sont là des réactions normales aux rudes luttes internes par lesquelles nous passons. Il importe de nous rappeler que la capitulation requiert une grande énergie mentale et émotionnelle ainsi qu'une ferme détermination. Ne cédez pas. Une nouvelle vie de liberté vous attend.

Consultons les Écritures

Dans la Première Étape, nous affrontons la réalité de notre vie. Pour la première fois peut-être, nous admettons enfin la défaite et nous reconnaissons que nous avons besoin d'aide.

En examinant la Première Étape, nous voyons qu'elle est formée de deux parties. La première partie est l'aveu que certains de nos traits personnels sont marqués par l'obsession. Ces traits se manifestent dans la façon que nous essayons de manipuler les occupations de notre vie pour soulager le chagrin de notre séparation d'avec Dieu. Nous sommes en proie à un processus de dépendance qui nous a rendus impuissants quant à notre comportement. La seconde partie est l'admission que notre vie a été et continuera à être ingouvernable si nous persistons à vivre selon notre propre volonté.

Je me suis épuisé en gémissements, chaque nuit, je baigne ma couche; de mes larmes j'arrose mon lit, mon œil est rongé de pleurs. (Ps 6, 7-8)

● ● ●

Quand nous nous écartons du dessein de Dieu sur nous, le désespoir, le chaos et le désordre que nous ressentons peuvent être cause de malaises physiques qui peuvent dégénérer en maladie grave.

Notre orgueil égoïste proteste contre l'idée d'impuissance personnelle et de perte de contrôle de nous-mêmes. Nous nous sommes habitués à prendre pleine responsabilité de tout ce qui survient dans notre vie et aussi dans la vie des autres. Certains parmi nous se donnent comme rôle d'être hautement responsables, alors que d'autres reculent et deviennent tout à fait irresponsables. Jusqu'à ce que nous ayons atteint un seuil intolérable de peine, nous serons incapables de faire le premier pas vers la libération et le renouvellement de notre force. Le fait que nous sommes impuissants est une vérité dont nous devons nous rendre compte avant de nous abandonner totalement.

Je prends aujourd'hui à témoin contre vous le ciel et la terre : je te propose la vie ou la mort, la bénédiction ou la malédiction. Choisis donc la vie, pour que toi et ta

*postérité vous viviez, aimant Yahvé ton Dieu, écou-
tant sa voix, t'attachant à lui.* (Dt 30, 19-20)

• • •

*Nous choisissons la vie quand nous sommes disposés à nous
regarder et à regarder notre vie en toute honnêteté, et à
demander l'aide dont nous avons besoin pour que commence notre guérison.**

Lorsque nous commençons à accepter la réalité de notre
condition, nous nous tournons naturellement vers les autres
pour obtenir des réponses. Nous nous sentons comme de
timides débutants spirituels et nous nous demandons pourquoi la qualité de vie que nous recherchons nous a échappé.
Des amis peuvent nous dire : « Lis ta Bible », « Prie à cette
intention ». Quelques-uns peuvent nous suggérer de parler à
notre curé ou pasteur. Quel que soit le nombre de moyens
extérieurs que nous employions, il n'y aura pour nous aucun
soulagement jusqu'à ce que nous reconnaissions nous-
mêmes notre impuissance. C'est seulement alors que nous
verrons que la Première Étape est pour nous le moyen d'en
sortir.

---

*Si quelqu'un s'imagine connaître quelque chose, il ne
connaît pas encore comme il faut connaître.* (1 Co 8, 2)

• • •

*Nous convaincre que notre vie se déroule normalement est
une sorte de point de vue négatif qui nous empêche de voir
notre condition telle qu'elle est en réalité.*

La Première Étape est un engagement continu. Nous
devons nous rappeler que les caractéristiques, les habitudes

---

* Suggestion utile : Lire la méditation sur Dt 30, 19-20, p. 5,
Meditations for The Twelve Steps – A Spiritual Journey (Californie,
CA : RPI Publishing Inc., 1993).

et les comportements nuisibles font partie de nous. Ce sont des réactions inconscientes aux tensions de la vie. À mesure que nous remarquons l'émergence de comportements et de réactions contradictoires, nous pouvons admettre notre impuissance et rechercher l'aide de Dieu.

Ce jour-là,... ils l'emmènent... dans la barque. Survient alors une forte bourrasque, et les vagues se jetaient dans la barque,... Jésus... dormant sur le coussin. Les disciples lui disent : « ... tu ne te soucies pas de ce que nous périssons? » Il... dit à la mer : « Silence! Tais-toi! » Et le vent tomba et il se fit un grand calme. Puis il dit à ses disciples : « Pourquoi avez-vous peur ainsi? Comment n'avez-vous pas de foi? » (Mc 4, 35-40)

• • •

Le manque de confiance et la crainte de l'inconnu contribuent à notre sentiment d'impuissance.

La seconde partie de la Première Étape, admettre que notre vie est devenue ingouvernable, est aussi difficile que de reconnaître que nous sommes impuissants. Nous pouvons alors mieux observer les pensées et les comportements de notre passé auxquels nous nous fions encore comme moyen de voiler la vérité sur ce que nous sommes aujourd'hui. Il nous faut être parfaitement honnêtes, laisser tomber nos déguisements et voir les choses telles qu'elles sont. Quand nous cesserons de trouver des excuses à notre comportement, nous aurons fait les premiers pas vers l'acquisition de l'humilité dont nous avons besoin pour accepter la direction spirituelle. C'est par cette direction spirituelle que nous pouvons commencer à nous construire à nouveau et à refaire notre vie.[*]

---

[*] Suggestion utile : Lire "The Beatitudes", p. 61, *Prayers for The Twelve Steps – A Spiritual Journey* (Californie, CA : RPI Publishing Inc., 1993).

*Je suis la vigne véritable et mon Père est le vigneron.
Tout sarment en moi qui ne porte pas de fruit, il
l'enlève, et tout sarment qui porte du fruit, il
l'émonde, pour qu'il porte encore plus de fruit.*
(Jn 15, 1-2)

• • •

*Nous rendre compte que nous avons des comportements
stériles qui font tort à notre santé nous aide à comprendre
comment et pourquoi notre vie est devenue ingouvernable.*

On ne peut commencer à guérir d'une maladie physique
qu'après avoir reconnu sa présence. De même, la guérison
spirituelle de notre comportement obsédant ou compulsif
commence lorsque nous reconnaissons que ce comportement
constitue un problème. En Marc 10, 51, il était évident pour
les autres que Bartimée était aveugle. Cependant, il demanda
ouvertement au Christ de guérir sa cécité. Tant que nous ne
nous serons pas rendu compte de cette vérité, notre marche
vers la recouvrance sera entravée. Notre guérison commence
quand nous sommes disposés à reconnaître nos problèmes.

*Rentrant alors en lui-même, il se dit : « Combien de
mercenaires de mon père ont du pain en surabondance, et moi je suis ici à périr de faim! »* (Lc 15, 17)

• • •

*Quand nous voyons réellement la réalité de notre vie et que
nous reconnaissons que nous avons besoin d'aide, nous
invitons notre Seigneur dans notre vie; alors le processus de
guérison commence.*

À mesure que nous avancerons dans les Étapes, nous
découvrirons que tout changement vrai et durable n'arrive
pas en essayant de changer nos conditions de vie. Bien qu'on
soit porté à le croire, les ajustements extérieurs ne peuvent
pas corriger des problèmes intérieurs. La guérison extraordi-

naire demande que nous cessions de croire que nous pouvons guérir notre vie en modifiant notre environnement. Notre volonté de suivre les Étapes nous permettra de commencer notre véritable guérison, laquelle débute à l'intérieur de nous.

Car je sais que nul bien n'habite en moi, je veux dire dans ma chair; en effet, vouloir le bien est à ma portée, mais non pas l'accomplir; puisque je ne fais pas le bien que je veux et commets le mal que je ne veux pas. Or si je fais ce que je ne veux pas, ce n'est plus moi qui accomplis l'action, mais le péché qui habite en moi. (Rm 7, 18-20)

• • •

Si sincères que soient nos intentions, nous sommes souvent impuissants à changer nos comportements.

À mesure que notre foi grandit, nous prenons conscience que nous ne sommes pas seuls. Notre Seigneur a dit qu'Il ne nous laisserait pas sans réconfort, car Il a envoyé son Esprit Saint. Peu à peu, nous parviendrons à reconnaître Sa présence constante. Pour le moment, chaque jour est une nouvelle occasion d'admettre notre impuissance et l'impossibilité où nous sommes de diriger les gens, les événements et les choses de notre vie.

Mais il m'a déclaré : « Ma grâce te suffit : car la puissance se déploie dans la faiblesse. » C'est donc de grand cœur que je me glorifierai surtout de mes faiblesses, afin que repose sur moi la puissance du Christ. C'est pourquoi je me complais dans les faiblesses, dans les outrages, dans les détresses, dans les persécutions et les angoisses endurées pour le Christ; car, lorsque je suis faible, c'est alors que je suis fort. (2 Co 12, 9-10)

• • •

*Quand nous cessons de lutter pour contrôler et que nous
remettons notre vie dans les mains de Dieu, nous trouvons
que sa force suffit pour combler tous nos besoins.* [*]

Lorsque nous entamerons notre cheminement en recouvrance en suivant les Douze Étapes, des vérités anciennes
emprunteront de nouvelles significations. Nous verrons ce
que nous voulons dire en affirmant que nous ne pouvons
jamais être séparés de l'amour de Dieu. Notre foi en Dieu et
notre foi naissante en nous-mêmes et dans les autres nous
soutiendront dans les Étapes suivantes. Cette foi servira à
nous renforcer quand nous éprouverons les peines et les
souffrances inévitables que nous causera notre examen personnel minutieux. C'est notre seule manière d'en sortir —
notre seule voie vers une vie nouvelle dans le Christ. Pour le
moment, il nous suffit de fixer notre attention sur notre
impuissance.

**Qui se fie à son propre sens est un sot, qui chemine
avec sagesse sera sauf.** (Pr 28, 26)

• • •

*Nous ne pouvons pas nous fier à notre seule volonté; nous
devons nous fier aussi à la force de Dieu à l'œuvre en nous.*

---

[*]   Suggestion utile : Lire la note sur la recouvrance en 2 Co 11, 30 et
       12, 1-10, p. 1295, *Life Recovery Bible* (Wheaton, IL : Tyndale House,
       1992).

Idées maîtresses

IMPUISSANT. Dans la Première Étape, nous découvrons que la recouvrance commence par l'aveu de notre impuissance. Nous admettons que nous ne pouvons pas mener notre vie selon la volonté de Dieu.

INGOUVERNABLE. Nous avons essayé de diriger notre vie et la vie des autres. Cependant, notre gouverne a toujours été un échec. Dans la Première Étape, nous admettons que nous ne pouvons plus contrôler ou diriger notre vie.

DYSFONCTIONNEL. Si quelque chose fonctionne normalement, nous savons qu'il fonctionne de la manière qu'il est censé fonctionner. Cependant, la *dys*fonction implique que le fonctionnement est "gêné" ou "anormal". Le préfixe latin *dys* implique qu'il y a quelque chose de "malheureux" ou de "pernicieux". Ceux parmi nous en voie de recouvrance comprennent fort bien que cette description convient parfaitement à notre vie. Nous n'avons pas vécu notre vie comme Dieu le voulait. Le fonctionnement de notre vie a été faux, mauvais, malheureux et même dangereux. Notre vie a été *dys*fonctionnelle.

Deuxième Étape

*Nous en sommes venus à croire qu'une
Puissance supérieure à nous-mêmes pouvait
nous rendre la raison.*

• • •

*Dieu est là qui opère en vous à la fois le vouloir et l'opération
même, au profit de ses bienveillants desseins.* (Ph 2, 13)

Pour comprendre la Deuxième Étape

« Je regardais les eaux blanches et turbulentes de la rivière et je fondais à l'intérieur de moi-même. Tout le courage que j'avais accumulé s'échappait de mes pores avec la sueur. Mes jambes devenaient comme des spaghettis à la pensée que j'allais descendre les rapides dans un radeau gonflé — tout cela seulement pour le plaisir de le faire. Alors le guide, qui devait diriger et manœuvrer notre radeau, commença à parler. Il semblait si sûr de lui-même, si confiant que tout irait bien. Il nous donna des instructions, nous précisa comment agir, nous fit rire et même me mit à l'aise. C'était fou, je suppose, mais j'avais confiance qu'il ferait de cette promenade insensée sur la rivière une expérience sûre et agréable. »

La Deuxième Étape concerne la foi — avoir confiance et croire. La foi n'est pas intellectualisée — elle existe simplement. La foi n'est pas manufacturée — elle vient de Dieu. La foi ne se gagne pas — elle est un don. La foi n'est pas optionnelle — elle est obligatoire. Beaucoup de flots turbulents et troubles nous attendent au cours de notre recouvrance. Dieu le sait et Il nous prépare en mettant la foi dans notre cœur. Quand nous regarderons enfin vers Dieu, nous aurons la foi de croire qu'Il est là.

Mise en œuvre de la Deuxième Étape

La Première Étape, bien suivie, nous laisse un sentiment de vacuité. Nous sommes réduits à dire : « Si je suis impuissant et ne peux pas gouverner ma vie, qui le peut? » Dieu le peut! Dieu commence à nous montrer Son habileté en mettant une simple semence de foi dans notre cœur. Cette graine est simplement une confiance grandissante qu'un autre, beaucoup plus grand que nous, prendra la gouverne. La Deuxième Étape nous aide à reconnaître la semence de foi que Dieu nous a donnée.

Préparation à la Deuxième Étape

Nous nous préparons à la Deuxième Étape en reconnaissant que nous ne savons pas tout au sujet de notre Puissance supérieure. Beaucoup d'entre nous ont une vue déformée de Dieu. Il se peut que nous croyions que Dieu ressemble à nos parents abusifs ou absents, ou à d'autres semblables. Il se peut que nous croyions que Dieu ne se soucie pas de ce que nous ressentons, qu'Il est cruel et attend de nous juger. Il se peut que nous ayons été menacés des châtiments de Dieu toute notre vie. « *Les images déformées que nos parents mettent dans notre cœur et dans notre esprit se transposent directement dans notre image de Dieu. Nous grandissons en sentant que Dieu nous voit comme nos parents. Et ainsi, nous grandissons en nous voyant et en voyant Dieu avec des regards déformés.* »* La prépa-

---

*   Jerry Seiden. *Divine or Distorded? God as We Understand God* (San Diego : RPI Publishing Inc., 1993), p. 8.

ration à la Deuxième Étape demande que nous mettions de côté ces anciennes images et ces fausses croyances au sujet de Dieu.

Prière pour la Deuxième Étape

Je demande l'ouverture d'esprit pour parvenir à croire en un pouvoir plus grand que moi-même. Je demande l'humilité et des occasions continuelles d'augmenter ma foi. Je ne veux plus être entêté et incrédule.[*]

———

Grâce à la Première Étape, nous sommes venus aux prises avec le fait que nous sommes impuissants et que notre vie est ingouvernable. Notre Étape suivante est de reconnaître l'existence d'un pouvoir plus grand que nous-mêmes. Croire en Dieu ne signifie pas toujours que nous acceptons Son pouvoir. En tant que chrétiens, nous connaissons Dieu, mais nous n'invitons pas nécessairement Son pouvoir à venir dans notre vie. Dans la Deuxième Étape, nous avons l'occasion de faire l'expérience de Dieu sous un autre jour. Jésus a dit en Jean 14, 26 que l'Esprit Saint serait envoyé en Son nom pour nous enseigner et nous rappeler tout ce qu'Il avait dit. Dans la Deuxième Étape, nous commençons à rétablir nos relations avec Dieu ou à établir une relation avec Dieu pour la première fois. Cette Étape nous fournit l'occasion de faire l'expérience de la foi en un pouvoir plus grand que nous. Cette relation grandira et deviendra une partie essentielle de notre vie quotidienne.

———

[*] Tirée de *Prayers for The Twelve Steps – A Spiritual Journey* (*op. cit.*), p. 10.

Pour beaucoup d'entre nous, cette Étape présente de grands obstacles. Comme nous trouvons difficile de nous fier aux autres, la solitude de notre condition actuelle nous contraint de nous contenter de nos propres ressources. Nous pouvons même douter que Dieu puisse nous guérir ou même qu'Il s'intéresse à le faire. À moins que nous ne laissions tomber notre méfiance pour commencer à nous appuyer sur Dieu, nous continuerons à agir de façon insensée. Le chaos et la confusion de notre vie ne feront que s'accentuer.

Selon le passé religieux de chacun, on a pu enseigner à certains d'entre nous que Dieu est une autorité qu'il faut craindre. Nous ne l'avons jamais vu comme un Dieu aimant. Dans notre enfance, nous étions inquiets et nous craignions de mal agir. Parfois, les adultes se servaient de la menace de la punition de Dieu pour contrôler notre comportement d'enfants. Notre crainte de déplaire à Dieu amplifiait notre sentiment grandissant de culpabilité et de honte. Comme adultes, nous continuons à craindre les gens qui ont l'autorité et nous sommes accablés par un sentiment de culpabilité et de honte pour de simples manquements.

Nous pouvons être encore habités par la colère que nous éprouvions contre Dieu pendant notre enfance parce qu'Il nous a souvent déçus. À cause de la gravité de leur expérience, certains d'entre nous ont rejeté Dieu parce qu'Il ne nous a pas soulagés de notre souffrance. Malgré notre croyance que Dieu est avec nous, dans les moments de frayeur, nous doutons encore de Sa présence. Même ceux qui cherchent à résoudre leurs problèmes et sont en contact avec leur Puissance supérieure ont des moments de doute. Dans la Deuxième Étape, notre but est de croire que Dieu, un pouvoir plus grand que nous, peut nous guider dans notre voyage vers la paix et la guérison.

Pour certains d'entre nous, la croyance dans notre propre volonté et dans notre aptitude à gouverner notre propre vie est tout ce que nous avons. Nous considérons Dieu comme une béquille pour les enfants et pour les individus dont la volonté est faible et qui sont incapables de gouverner leur propre vie. À mesure que nous entrevoyons la vraie nature de Dieu, un fardeau est enlevé de nos épaules. Nous commençons à voir la vie dans une perspective différente.

L'un des grands paradoxes du christianisme est que l'homme n'est jamais complètement libre jusqu'à ce qu'il se soumette totalement à Dieu. Dans Jean 8, 32, Jésus nous a fait une promesse en disant : « *Vous connaîtrez la vérité et la vérité vous libérera.* » Dans la présente Étape, nous commençons à reconnaître que Dieu a vraiment le pouvoir et la volonté de changer le cours de notre vie. Dans les Écritures, nous sommes assurés de la présence de Dieu en nous. On nous y montre que, par Lui, tout est possible. Si nous avons accepté la vérité concernant notre condition et si nous sommes parvenus à croire en notre Puissance supérieure, nous sommes en fait en route vers notre liberté spirituelle.

La Deuxième Étape est appelée l'Étape de l'Espérance. Elle nous donne un nouvel espoir quand nous commençons à voir que l'aide nous est disponible. Nous devons simplement tendre la main et accepter ce que notre Puissance supérieure peut nous offrir. C'est ici que nous jetons les bases, pour la croissance de notre vie spirituelle, qui nous aideront à devenir la personne que nous voulons être. Tout ce que nous avons à faire, c'est d'être disposés à croire qu'un pouvoir plus grand que nous attend pour devenir notre salut personnel. Ce qui suivra, ce sera un processus qui amènera ce pouvoir dans notre vie et nous aidera à progresser en amour, en santé et en grâce.

Consultons les Écritures

Il faut de la foi pour commencer à croire en un pouvoir plus grand que nous-mêmes. Dans le passé, nous avons mis notre foi en nos propres aptitudes à diriger notre vie, et cette foi s'est avérée sans valeur. Elle était mal placée et n'a jamais fait pour nous ce que nous pensions qu'elle ferait. Maintenant, il nous faut mettre activement notre foi en Dieu. Au premier abord, il peut sembler irréaliste de mettre notre foi en un pouvoir que nous ne pouvons ni voir ni toucher. Et cependant, l'existence même de notre univers dans toute sa splendeur prouve de toute évidence le pouvoir, l'amour et la majesté véritables du Dieu que nous cherchons.*

Et aussitôt Jésus obligea les disciples à monter dans la barque et à le devancer sur l'autre rive, ... La barque... harcelée par les vagues... À la quatrième veille de la nuit, il vint vers eux en marchant sur la mer. ... Pierre lui répondit : « Seigneur, si c'est bien toi, donne-moi l'ordre de venir à toi sur les eaux. » « Viens », dit Jésus. Et Pierre, descendant de la barque, se mit à marcher sur les eaux et vint vers Jésus. Mais, voyant le vent, il prit peur et, commençant à couler, il s'écria : « Seigneur, sauve-moi! » Aussitôt Jésus tendit la main et le saisit, en lui disant : « Homme de peu de foi, pourquoi as-tu douté? » Et quand ils furent montés dans la barque, le vent tomba. Ceux qui étaient dans la barque se prosternèrent devant lui, en disant : « Vraiment, tu es Fils de Dieu! » (Mt 14, 22-33)

• • •

Se fier à un pouvoir plus grand que nous-mêmes nous donnera confiance et espoir.

La foi grandit avec la pratique. Chaque fois que nous avons un sentiment de foi et que nous agissons en rapport avec ce sentiment, notre foi se renforce. Chaque fois que nous demandons l'aide de notre Puissance supérieure et que nous la recevons, notre foi croît. Nous accepterons finalement le fait qu'on peut se fier à Dieu et qu'Il ne nous abandonnera

---

*   Suggestion utile : Lire l'exhortation de la Deuxième Étape sur "Hope in Faith" de l'épître aux Hébreux 11, 1-10, p. 1391, *Life Recovery Bible (op. cit.).*

pas. Tout ce que nous avons à faire est de demander Son aide et d'avoir confiance en Son pouvoir.

« Parce que vous avez peu de foi », leur dit-il. Car je vous le dis en vérité, si vous avez de la foi gros comme un grain de sénevé, vous direz à cette montagne : « Déplace-toi d'ici à là, et elle se déplacera, et rien ne vous sera impossible. » (Mt 17, 20)

• • •

Avec notre premier pas vers Dieu, nous ferons l'expérience du réconfort qu'Il nous a promis.

La foi est comme une graine de moutarde. Elle est tout d'abord petite et grandit pour influencer notre vie. Penser qu'un peu de foi suffit est faux. La foi, comme une graine de moutarde, n'est que le commencement. Ce que nous voulons, c'est une foi qui grandit, se développe et mûrit.

« Si tu peux! » reprit Jésus; « tout est possible à celui qui croit. » Aussitôt le père de l'enfant de s'écrier : « Je crois! Viens en aide à mon peu de foi. » (Mc 9, 23-24)

• • •

Quelles qu'aient été nos luttes antérieures, nous devons nous rendre compte que le pouvoir de Dieu, et non le nôtre, assure notre succès.

Notre grand secret pour apprendre à avoir la foi est basé sur la joyeuse révélation que l'Esprit de Dieu est toujours en nous. Dieu veut partager avec nous une relation intime. Dieu déclare qu'Il ne nous quittera jamais ou qu'Il ne nous abandonnera jamais. Il sera aussi près de nous que nous le Lui permettrons.

Proche est Yahvé des cœurs brisés, il sauve les esprits abattus. Malheur sur malheur pour le juste, mais de tous Yahvé le délivre; Yahvé garde tous ses os, pas un ne sera brisé. Le mal tuera l'impie, qui déteste le juste expiera. Yahvé rachète l'âme de ses serviteurs, qui s'abrite en lui n'expiera point. (Ps 34, 9-23)

• • •

Même si nous L'avons rejeté dans le passé, Dieu sera toujours près de nous et réparera nos esprits brisés.

Nous commençons à avoir confiance en notre Puissance supérieure à mesure que nous entretenons une relation plus intime avec Jésus Christ. Nous commençons aussi à avoir confiance qu'Il nous aidera à prendre conscience de l'étendue de notre condition amoindrie. La Deuxième Étape implique que nous sommes insensés. Une définition commune de l'insanité dans le programme est de faire indéfiniment la même chose et d'espérer des résultats différents chaque fois. Dans ce sens, nous pouvons voir que notre conduite était insensée. Nous pouvons encore blâmer tout le monde et toutes les choses pour notre état au lieu d'assumer la responsabilité de notre comportement. Ou bien nous pouvons être encore à lutter pour contrôler les autres afin d'améliorer notre propre vie.

Vraiment, nous avons porté en nous-mêmes notre arrêt de mort, afin d'apprendre à ne pas mettre notre confiance en nous-mêmes mais en Dieu, qui ressuscite les morts. (2 Co 1, 9)

• • •

Si désespérés que nous soyons, le pouvoir de Dieu soulagera notre dépression et nous conduira à une nouvelle vie.

Les expériences traumatisantes de notre enfance nous ont rendus méfiants, indifférents, pleins de ressentiment, sans confiance et égocentriques. Notre vie d'adulte a besoin qu'on lui donne un plus grand équilibre. Nous pouvons trouver cet équilibre si nous sommes disposés à croire que l'Esprit Saint de Dieu est un pouvoir plus grand que nous-mêmes, et qu'Il peut nous rendre la santé. Quand nous essayons de le faire seuls, nous nous trompons souvent nous-mêmes en nous adressant à des sources extérieures comme causes de nos problèmes. Avec l'aide du Christ, ces comportements trompeurs peuvent être guéris à partir de l'intérieur.

Dieu est là qui opère en vous à la fois le vouloir et l'opération même, au profit de ses bienveillants desseins. (Ph 2, 13)

• • •

Dieu peut nous rendre notre intégrité et nous libérer des blessures et des remords de notre passé.

L'un des moyens dont Dieu se sert pour nous aider à voir clairement notre condition est de nous mettre en contact avec d'autres qui partagent des expériences semblables aux nôtres. Il devient évident, lorsque nous partageons nos histoires au cours des réunions et dans la fraternité, que chacun de nous peut garder "la sobriété émotionnelle" seulement une journée à la fois. De plus, Dieu nous aide à nous rendre compte que les actions qui nous détruisent ou détruisent les autres ne sont pas acceptables. À mesure que nous nous confierons davantage au Pouvoir divin, la qualité de notre vie s'améliorera et la sérénité commencera à remplacer notre anxiété.

Ce n'est pas que de nous-mêmes nous soyons capables de revendiquer quoi que ce soit comme venant de nous; non, notre capacité vient de Dieu. (2 Co 3, 5)

• • •

*Si nous avons confiance en Lui, notre Seigneur nous libé-
rera du désespoir que nous éprouvons quand nous reconnaissons le dysfonctionnement dans notre vie.**

Au début de ce programme, nous nous attendions peut-
être à des résultats instantanés. De notre enfance, nous nous
rappelons la colère ou la confusion que nous ressentions
quand les choses n'arrivaient pas tout de suite. Dans ce programme, le changement subit est une exception et n'est pas la
règle. Il faut de la patience et de la persévérance pour atteindre la recouvrance que nous recherchons. Chacun de nous est
unique et la recouvrance débute pour chacun de nous à différentes phases de ces Étapes. Certains parmi nous peuvent
faire l'expérience d'un soulagement instantané, alors que
d'autres peuvent ne se sentir plus forts que plus tard dans le
programme. Il n'existe ni règle ni ligne de conduite. Le progrès se manifeste en temps opportun.

*Ne le sais-tu pas? Ne l'as-tu pas entendu dire? Yahvé
est un Dieu éternel, créateur des extrémités de la terre.
Il ne se fatigue ni ne se lasse, insondable est son intelligence. Il donne la force à celui qui est fatigué, à celui
qui est sans vigueur il prodigue le réconfort. Les ado-
lescents se fatiguent et s'épuisent, les jeunes ne font
que chanceler, mais ceux qui espèrent en Yahvé renou-
vellent leur force, ils déploient leurs ailes comme des
aigles, ils courent sans s'épuiser, ils marchent sans se
fatiguer.* (Is 40, 28-31)

• • •

*Nous devons nous efforcer de mettre de côté notre impa-
tience et notre frustration, croyant que Dieu nous donnera
assez de force pour satisfaire nos besoins.*

---

*   Suggestion utile : Lire "Possibilities Prayers", p. 63, *Prayers for
The Twelve Steps – A Spiritual Journey (op. cit.).*

La Deuxième Étape suggère un retour à la raison. L'humilité est nécessaire pour permettre à cet état d'esprit de se développer. Pour la plupart d'entre nous, le manque d'humilité a contribué à notre état actuel. L'humilité est une vertu spirituelle que nous développons avec l'aide de Dieu. Le développement de l'humilité est un thème qui revient souvent dans le programme. Nous devenons humbles peu à peu, à mesure que nous pouvons mettre de côté notre orgueil, notre volonté propre et notre méfiance. Dans l'épître aux Philippiens 2, 5, on nous dit : « Ayez entre vous les mêmes sentiments qui sont dans le Christ Jésus. » Et Jésus avait une attitude d'obéissance pour faire la volonté de son Père, se soumettre aux desseins et au pouvoir de son Père.

Oui, j'en ai l'assurance, ni mort ni vie, ni anges ni principautés, ni présent ni avenir, ni puissances, ni hauteur ni profondeur, ni aucune autre créature ne pourra nous séparer de l'amour de Dieu manifesté dans le Christ Jésus notre Seigneur. (Rm 8, 38-39)

• • •

Ni notre orgueil ni notre malice ne peuvent nous mettre hors d'atteinte de l'amour de Dieu pour nous.

Lorsque nous serons disposés à accepter notre impuissance et notre incapacité à nous diriger (Première Étape), et quand nous aurons confiance que notre Puissance supérieure, Jésus Christ, peut nous rendre notre raison (Deuxième Étape), nous serons prêts à prendre la décision de remettre notre vie aux soins de Dieu (Troisième Étape). Il n'est aucunement nécessaire de hâter le processus de la suite des Étapes. L'important est d'écouter l'exhortation de la Bible nous disant que « c'est l'heure désormais de vous arracher au sommeil » (Rm 13, 11). Nous avançons dans la foi, de sorte que nous pourrons aller vers les autres Étapes. Pour avancer, nous n'avons pas besoin de savoir ce qui nous attend. Il nous suffit de savoir que Dieu connaît la route et qu'Il nous aime.

Ne crains pas car je suis avec toi, ne te laisse pas émouvoir car je suis ton Dieu; je t'ai fortifié et je t'ai aidé, je t'ai soutenu de ma droite justicière. (Is 41, 10)

• • •

Notre force spirituelle, qui se raffermit en s'approfondissant, nous rappelle la présence constante de Dieu dans notre vie.

Car Dieu a tant aimé le monde qu'il a donné son Fils unique, afin que quiconque croit en lui ne se perde pas, mais ait la vie éternelle. Car Dieu n'a pas envoyé son Fils dans le monde pour juger le monde, mais pour que le monde soit sauvé par lui. (Jn 3, 16-17)

• • •

Perçues à la lumière de l'amour de Dieu, les Douze Étapes sont une voie vers notre intégrité et notre salut.[*]

Idées maîtresses

PUISSANCE SUPÉRIEURE. Parce que la Première Étape nous a aidés à comprendre notre impuissance, nous avons besoin d'un pouvoir qui soit au-dessus de nous pour nous aider et nous guérir. Dieu est si grand et si miséricordieux qu'Il n'exige pas que nous Lui donnions un nom précis. Dieu accepte même d'être anonyme pendant un certain temps. Rappelez-vous comment Dieu a conduit les trois Sages de l'Orient vers le Christ. Les Sages ne connaissaient pas le Dieu d'Israël ou Jésus. Ils adoraient les étoiles. Alors Dieu s'est servi d'une étoile pour les attirer. De même, Dieu attire beau-

---

[*]   Suggestion utile : Lire la méditation sur Jean 3, 16-17, p. 27, *Meditations for The Twelve Steps – A Spiritual Journey (op. cit.).*

coup d'humains à lui par l'idée d'une "Puissance supérieure" dans les programmes Douze Étapes. Dans la Deuxième Étape, nous devons parvenir à croire qu'il existe une Puissance supérieure aimante qui veut nous aider.

CROYANCE. Avoir foi en quelque chose ou en quelqu'un, c'est plus que reconnaître que quelque chose ou quelqu'un existe. Par exemple, la Bible dit que les démons en enfer croient que Dieu existe, et cependant cette croyance ne les sauve pas (Jacques 2, 19). La foi qui sauve implique la confiance et l'engagement. C'est une chose de croire qu'une chaise supportera mon poids. C'est une autre chose de m'asseoir sur cette chaise. Quand je m'assieds sur une chaise, j'y crois vraiment. Dans la Deuxième Étape, nous parvenons à croire qu'un pouvoir plus grand que nous-mêmes peut nous rendre la raison. Nous faisons plus que reconnaître l'existence de Dieu. Nous commençons à mettre en œuvre la confiance qu'Il peut nous soutenir.

TROISIÈME ÉTAPE

Nous avons décidé de confier notre volonté et notre vie aux soins de Dieu tel que nous le concevions.

• • •

Je vous exhorte donc, frères, par la miséricorde de Dieu, à offrir vos personnes en hostie vivante, sainte, agréable à Dieu : c'est là le culte spirituel que vous avez à rendre. (Rm 12, 1)

Pour comprendre la Troisième Étape

Pouvez-vous imaginer de quel manque de bon sens nous ferions preuve en essayant de faire une opération chirurgicale sur nous-mêmes? À la première impression de douleur du scalpel, nous arrêterions. Nous ne serions jamais guéris. Il est tout aussi insensé de penser que nous pouvons diriger notre propre recouvrance. Nous devons remettre notre vie à une Puissance supérieure. Dieu seul sait ce qu'il nous faut pour guérir. Dans la Troisième Étape, nous décidons de remettre le scalpel à Dieu. Nous décidons de lui demander de prendre le contrôle de notre volonté et de notre vie.

Mise en œuvre de la Troisième Étape

Nous mettons la Troisième Étape en œuvre en passant par un processus de prise de décision. Pensons à d'autres grandes décisions que nous avons prises dans notre vie. Par exemple, quand nous prenons la décision d'acheter une maison, nous examinons maintes choses relatives à la maison comme le prix, la situation, l'état, etc. Nous considérons également certaines choses par rapport à nous-mêmes, telles que notre capacité de payer, les besoins en mobilier, les préférences personnelles, etc. Enfin, quand tout a été bien pesé, nous prenons la décision. Il en est de même dans la Troisième Étape. Nous examinons à quel point la gouverne de notre vie s'avère bonne. Nous examinons nos besoins, la capacité de Dieu, l'avenir. Nous prenons le temps de considérer les changements. Et finalement, nous décidons que seul Dieu est capable de diriger notre vie, que Sa volonté pour nous est la meilleure.

Préparation à la Troisième Étape

Nous nous préparons à la Troisième Étape en suivant complètement la Première et la Deuxième Étapes. Si nous ne sommes pas convaincus que nous sommes impuissants et que notre vie est ingouvernable, nous ne sommes pas prêts à la Troisième Étape. Cette Étape sera difficile si nous ne sommes pas parvenus à croire que Dieu peut nous rendre la raison et qu'Il est capable de prendre soin de nous. Nous nous préparons à la Troisième Étape en acceptant totalement notre impuissance et notre incapacité à diriger notre vie. Nous nous préparons aussi en laissant Dieu jeter des semences de foi dans notre cœur. Quand ces choses sont en place, la Troisième Étape vient facilement.

Prière pour la Troisième Étape

Seigneur,
Je te remets ma vie entière,
Ô Dieu de mon intelligence.
J'en ai fait un gâchis
en essayant de la diriger moi-même.
Prends-en totale possession
et gouverne-la pour moi,
selon Ta volonté et Tes desseins.*

———————

*L*a Troisième Étape est le thème central de toutes les Étapes. C'est le moment où nous prenons la décision de remettre notre volonté et notre vie aux soins de Dieu. La Troisième Étape est une importante pierre angulaire si nous voulons construire une vie efficace et paisible. Dans la Première et la Deuxième Étapes, nous avons établi la base pour remettre notre vie aux soins de Dieu. L'engagement que nous prenons maintenant dans la Troisième Étape doit être répété plus d'une fois. En vérité, nous ne faisons que commencer à tout remettre entre les mains de Dieu. En reprenant maintes fois les trois premières Étapes, il nous sera plus facile de bâtir de solides fondations en vue de réaliser tout le programme.

Beaucoup parmi nous viennent à ce programme avec de fortes perceptions négatives par rapport au monde dans lequel nous vivons. Ces perceptions peuvent se fonder sur des expériences d'une enfance blessée, une formation académique mal dirigée ou simplement des leçons accumulées durant notre vie. Suite à ces expériences, il se peut que nous

———————

* Extraite de *Prayers for The Twelve Steps – A Spiritual Journey* (*op. cit.*), p. 13.

ayons vu Dieu comme un Dieu qui n'aime pas et qui n'est là que pour nous juger. Si nous avons fait l'expérience d'une extrême violence dans notre enfance, nous pouvons trouver difficile de faire confiance à qui que ce soit ou à quoi que ce soit — même à Dieu. Quelle que soit l'origine de cette perception, notre recouvrance est entravée si nos croyances rendent difficile l'abandon de nos craintes et la remise de notre vie à Dieu. Dans la Troisième Étape, nous décidons de faire le saut de la foi et de remettre notre vie entre Ses mains.

Des personnages bibliques ont souvent hésité à suivre la volonté de Dieu. La Bible illustre certains exemples de personnages qui ont accompli la volonté divine quand elle semblait n'avoir aucun sens. Et cependant, le résultat final montrait qu'il était sage de suivre la direction de Dieu. De tels actes de foi sont illustrés par Moïse alors qu'il guidait la nation d'Israël dans le désert et par l'acquiescement d'Abraham à sacrifier son fils Isaac. De même, en dépit des critiques de ses contemporains, Noé construisit l'arche. L'essence de ces actions est résumée dans la lettre aux Hébreux 11, 6 : « *Or sans la foi, il est impossible de plaire à Dieu, car celui qui s'approche de Dieu doit croire qu'il existe et qu'il se fait le rémunérateur de ceux qui le cherchent.* »

Jusqu'à ce jour, nos perceptions erronées de la réalité nous ont mené à de nombreux comportements compulsifs ou obsessionnels. Il est souvent trop difficile d'admettre notre responsabilité par rapport à ces mauvais comportements. On en conclurait que nous n'avons pas été de "bonnes personnes". Il ne nous reste que la dénégation. Cette dénégation nous sert de bouclier qui nous dispense de nous envisager tels que nous sommes réellement. Quand cette dénégation est à l'œuvre, elle agit aussi comme une fenêtre aux volets fermés interdisant tout accès à la lumière solaire. Dans la Troisième Étape, nous commençons à ouvrir les volets et à permettre à la lumière de Dieu d'entrer. La parole de Dieu est une source de lumière qui nous permet d'examiner notre comportement et de saisir la réalité.

La Troisième Étape est une phase affirmative. Il est temps de prendre une décision. Dans les deux premières Étapes, nous avons pris conscience de notre condition et nous avons accepté l'idée d'un pouvoir plus grand que nous-mêmes. Bien que nous ayons commencé à connaître Dieu et à avoir confiance en Lui, il se peut que nous trouvions difficile de laisser à Dieu le plein contrôle de notre vie. Cependant, si l'autre option est d'envisager la perte de personnes ou de choses essentielles à notre vie, telles que la famille, l'emploi, la santé ou la raison, la direction de Dieu pourrait être plus facile à accepter. Notre vie peut connaître beaucoup de relations belles et enrichissantes qui sont détruites par notre comportement dépendant ou compulsif. Ces découvertes ne doivent pas nous décourager. Au contraire, nous devons en profiter comme d'autant de stimulants à nous abandonner entre les mains de Dieu.

Lorsque nous commençons à laisser la volonté de Dieu agir dans notre vie, nos tendances contradictoires se font moins nombreuses et moins affolantes. Souvent, la confusion et le chagrin que nous nous causons à nous-mêmes et que nous causons aux autres nous empêchent de mettre en œuvre et de suivre les Étapes. Prendre la décision de commencer ce cheminement vers la santé est un acte de grande importance et ne doit pas arriver dans une période d'agitation émotionnelle. Les conditions essentielles de la Troisième Étape sont de prendre cette décision avec un esprit clair et rationnel, de s'engager totalement par cette décision et, enfin, d'en remettre avec confiance le résultat à Dieu.

Lorsque nous remettrons notre vie à Dieu et cesserons de porter le fardeau de notre passé, nous commencerons à nous sentir mieux en ce qui nous concerne. Plus nous apprendrons à nous fier au Seigneur, plus nous aurons confiance en nous-mêmes et étendrons cette confiance aux autres. Notre décision de choisir les voies de Dieu nous rendra à la plénitude de la vie. À mesure que nous nous libérons de notre volonté propre, nous nous libérons aussi de plusieurs de nos comportements négatifs et sommes à même de diriger plus efficacement la routine quotidienne de notre vie. Notre impatience et notre irritabilité se dissipent lorsque nous parvenons à connaître l'amour de Dieu et désirons le partager avec les autres. Notre vie se transforme en une relation dynamique avec Dieu. Nous devenons les personnes qu'Il a voulu que nous soyons — des citoyens à part entière de son Royaume.

Consultons les Écritures

Dans la Troisième Étape, nous prenons une décision importante. Il est temps de reconnaître notre besoin de la direction de Dieu dans notre vie. Nous prenons la décision de remettre notre vie aux soins de Dieu. Dieu devient notre nouveau directeur et nous acceptons de vivre selon Ses conditions. Il nous offre un style de vie libre de la pollution émotionnelle de notre passé, et qui nous permet de jouir d'expériences nouvelles et merveilleuses. La Troisième Étape nous fournit une bonne occasion de nous détourner d'un comportement qui engendre la dépendance, le découragement, la maladie et la peur.

Repose-toi sur Yahvé de tout ton cœur, ne t'appuie pas sur ton propre entendement; en toutes tes démarches, reconnais-le et il aplanira tes sentiers. (Pr 3, 5-6)

• • •

Quand nous faisons confiance au Seigneur et non à nous-mêmes, Sa direction aplanira nos sentiers.[*]

Enseigne-moi à faire tes volontés, car c'est toi mon Dieu; que ton souffle bon me conduise par une terre unie. (Ps 143, 10)

• • •

La direction de l'Esprit Saint nous apportera la paix.

---

[*] Suggestion utile : Lire la méditation sur Proverbes 3, 5-6, p. 32, *Meditations for The Twelve Steps – A Spiritual Journey (op. cit.).*

Beaucoup d'entre nous abordent le processus de la Troisième Étape en décidant de remettre à Dieu seulement certaines parties de leur vie. Nous sommes disposés à abandonner les problèmes les plus difficiles quand nous voyons qu'ils rendent notre vie ingouvernable. Nous nous accrochons à d'autres domaines de notre vie parce que nous croyons que nous pouvons les gérer. Nous nous rendons finalement compte que nous ne pouvons pas marchander avec Dieu. Nous devons être prêts à céder notre volonté tout entière et chaque partie de notre vie à Ses soins si nous voulons guérir. Quand nous sommes tout à fait capables d'accepter ce fait, notre voyage vers l'intégrité a commencé.

Je vous exhorte donc, frères, par la miséricorde de Dieu, à offrir vos personnes en hostie vivante, sainte, agréable à Dieu : c'est là le culte spirituel que vous avez à rendre. (Rm 12, 1)

• • •

Abandonner notre volonté à Dieu et remettre notre vie à Ses soins nous soulagera de notre stress et de notre anxiété.

La Troisième Étape peut nous donner l'impression que nous perdons notre identité. Nous pouvons penser que nous allons tout perdre. Il est effrayant de ne pas savoir ce qui va arriver. La plupart d'entre nous ont essayé désespérément de contrôler leur environnement. Un grand nombre de ces modes de comportement se sont développés pendant l'enfance et ont été le résultat des circonstances dans lesquelles nous avons été élevés. Au tréfonds de soi peut survivre le souvenir d'une enfance craintive et tremblante qui se méfiait de la colère, de la critique, des menaces ou de la violence de quelqu'un. Alors que nous étions enfants, nous avons essayé de veiller sur les gens autour de nous pour qu'ils ne nous abandonnent pas, ne nous laissant que des promesses brisées et des rêves anéantis. Il en est résulté que nous avons renforcé en nous une foule de tendances indésirables, telles que la préoccupation de soi, le besoin de contrôle et un sentiment sur-développé de responsabilité.

> *Mais à tous ceux qui l'ont accueilli, il a donné pouvoir de devenir enfants de Dieu, à ceux qui croient en son nom, lui qui ne fut engendré ni du sang, ni d'un vouloir de chair, ni d'un vouloir d'homme, mais de Dieu.* (Jn 1, 12-13)
>
> • • •
>
> *Les relations avec Dieu de notre enfance sont encore une influence dont nous devons tenir compte en apprenant à croire que notre véritable Père, c'est Dieu.*

Les conditions dans lesquelles nous avons été élevés nous ont souvent empêchés d'avoir confiance en Dieu. Il se peut que nos prières n'aient pas été exaucées, et nous ne pouvions pas nous imaginer qu'un Dieu aimant pouvait être si cruel envers nous. La Troisième Étape nous donne la chance de recommencer.

À mesure que nous suivrons les Étapes, nous viendrons en contact avec le souvenir des blessures de notre enfance. Nous commencerons aussi à faire l'expérience de l'amour de Dieu qui guérit, qui déborde le temps, pour réparer les torts qui nous ont été faits. Jésus nous a dit que nous devions devenir comme de petits enfants pour entrer dans le Royaume de Dieu. Cette déclaration nous aide à reconnaître qu'un état d'enfant nous permettra de reconquérir notre aptitude à donner et à recevoir un amour inconditionnel. Ainsi, nous pourrons envisager un retour à la spontanéité de l'enfant, et une aptitude grandissante à donner et à recevoir de l'amour et des soins.

> *Venez à moi, vous tous qui peinez et ployez sous le fardeau, et moi je vous soulagerai. Chargez-vous de mon joug et mettez-vous à mon école, car je suis doux*

et humble de cœur, et vous trouverez soulagement pour vos âmes. Oui, mon joug est aisé et mon fardeau léger. (Mt 11, 28-30)

● ● ●

Le Seigneur veut que nous Lui remettions le fardeau de culpabilité et de honte que nous avons porté depuis notre enfance.*

Apprendre à avoir confiance en Dieu et à accepter Son soutien rehaussera la qualité de notre vie. Nous ne sentirons plus le besoin de porter nos fardeaux par nous-mêmes. Une grande partie des douleurs de notre passé provient de ce que nous nous sentions tout à fait seuls. Avec la présence de Dieu, notre sentiment d'estime de soi s'améliorera et nous commencerons à reconnaître que nous sommes des êtres humains qui ont de la valeur. Notre aptitude à recevoir et à donner de l'amour croîtra, et nous parviendrons à donner une grande valeur à l'amitié et au partage.

Mieux vaut s'abriter en Yahvé que se fier en l'homme; mieux vaut s'abriter en Yahvé que se fier aux puissants. (Ps 118, 8-9)

● ● ●

Notre confiance grandissante en Dieu nous donnera le courage d'étendre notre amour à nous-mêmes et aux autres.

Le Christ a illustré l'idée de "tout remettre" par l'acceptation de la volonté de son Père, qui a conduit à la Croix et à la victoire de la résurrection. Au cours de Sa vie sur terre, l'amour de Jésus pour nous L'a conduit à de continuelles confrontations avec les forces du mal. Il a été fort et fidèle dans ces confrontations parce qu'Il a placé Sa confiance en son Père

---

*   Suggestion utile : Lire "Prayers of Submission", chapitre 6, p. 85-92, *Prayers for The Twelve Steps – A Spiritual Journey (op. cit.).*

céleste. Mais Jésus a eu des confrontations d'une autre nature : confrontations en Lui-même. Il a lutté pour faire la volonté de son Père parce que ce n'était pas toujours la voie facile. Même Jésus a exprimé Sa lutte dans la prière; cependant, Il a toujours cédé à la volonté de son Père parce qu'Il savait qu'elle était la meilleure.

Étant allé un peu plus loin, il tomba face contre terre en faisant cette prière : « Mon Père, s'il est possible, que cette coupe passe loin de moi! Cependant, non pas comme je veux, mais comme tu veux. » (Mt 26, 39)

• • •

Quelles que soient nos épreuves, nous ne sommes pas seuls. Nous sommes unis à Dieu par le Christ, dont l'amour triomphe toujours du mal.

Dans cette vie, nous avons des croix à porter. Certains parmi nous peuvent encore faire l'expérience de la puissante influence de l'histoire d'un comportement qui les handicape. Que notre dépendance soit les drogues, des relations destructrices, le sexe, l'alcool, l'argent ou les aliments, nous faisons face à la possibilité d'une mort spirituelle aussi bien que physique. En nous éloignant de ces tentations, nous acceptons l'offre que Dieu nous fait de Lui remettre nos fardeaux.

Je suis crucifié avec le Christ; et ce n'est plus moi qui vis, mais le Christ qui vit en moi. Ma vie présente dans la chair, je la vis dans la foi au Fils de Dieu qui m'a aimé et s'est livré pour moi. (Ga 2, 20)

• • •

Quand le Christ vit en nous, nous pouvons reconnaître la tentation et la vaincre.

Quand nous aurons développé une habitude quotidienne de suivre la Troisième Étape, il se fera en nous un grand changement. Nous serons plus calmes et nous nous sentirons moins responsables de tout et de tous. Nous goûterons la paix et la sérénité comme nous ne les avons jamais éprouvées auparavant. Nos yeux s'ouvriront et nous aurons un nouveau départ dans la vie. Nous serons de plus en plus conscients que Dieu nous guide. Les gens autour de nous pourront remarquer que nous sommes devenus plus confiants et plus dignes de confiance.

Recommande à Yahvé tes œuvres, et tes projets se réaliseront. (Pr 16, 3)

• • •

Dieu nous conduit à la victoire sur les épreuves de la vie, pour que nous puissions atteindre le succès grâce à Sa force.

Peu importe à quel point nous cheminons vers la recouvrance, nous devons sans cesse remettre notre vie aux soins de Dieu et être vigilants. Il est ridicule de ne pas prévoir des rechutes. Nous n'avons qu'à le reconnaître et à suivre volontiers le programme sur une base quotidienne. Il est spécialement important de continuer à pratiquer la Troisième Étape. Notre disposition à avoir confiance en Dieu assure notre victoire. Sans elle, nous nous rejetons sur nos anciennes techniques de survie et sur nos anciens traits de caractère, et nous nous soumettons de nouveau à leur contrôle.

En vérité, en vérité, je vous le dis, celui qui croit en moi fera, lui aussi, les œuvres que je fais, et il en fera même de plus grandes, parce que je vais vers le Père. Et tout ce que vous demanderez en mon nom, je le ferai, afin que le Père soit glorifié dans le Fils. (Jn 14, 12-13)

• • •

Les améliorations que nous commençons à remarquer dans notre vie sont les premiers fruits de la bonté que Dieu nous réserve.

Car je sais, moi, les desseins que je forme pour vous —
oracle de Yahvé — desseins de paix et non de malheur,
pour vous donner un avenir et une espérance. Vous
m'invoquerez et vous viendrez, vous me prierez et je
vous écouterai. Vous me chercherez et vous me trouve-
rez, car vous me rechercherez de tout votre cœur; je me
laisserai trouver par vous — oracle de Yahvé. (Jr 29,
11-14)

• • •

En suivant la Troisième Étape, nous découvrons la profon-
deur de l'amour de Dieu pour nous et nous comprenons que
par Lui tout est possible. [*]

Des milliers de gens qui cherchent à faire avec le Seigneur
l'expérience de la paix, de la sérénité et de l'amitié ont che-
miné par ce même sentier. Notre devoir est de demander
sans cesse à Dieu la direction. Nous recevons Sa direction par
invitation personnelle. Jésus a dit : « *Voici, je me tiens à la porte*
et je frappe; si quelqu'un entend ma voix et ouvre la porte, j'entrerai
chez lui pour souper, moi près de lui et lui près de moi. » (Ap 3, 20)
Tout ce qu'il nous faut faire, c'est d'ouvrir la porte de notre
cœur au Christ. La prière qui suit peut aider notre relation
avec le Christ et fortifier notre marche quotidienne.

Seigneur Jésus,
Je Te remets ma volonté et ma vie.
Façonne-moi et fais de moi ce que Tu veux.
J'ai confiance en Toi pour guider mes pas, et
j'entre dans le monde avec l'espoir
    que je ferai mieux Ta volonté.
Je demande Ton pardon et Ton accueil favorable.
J'accueille le pouvoir, l'amour et la direction
    de Ton Esprit Saint, en tout ce que je fais.
Amen.

[*]   Suggestion utile : Lire la note de recouvrance pour le texte de
Jr 29, 11, p. 813, *Life Recovery Bible* (*op. cit.*).

Idées maîtresses

CONFIEZ-LA À SES SOINS. Cette expression d'abandon est une idée maîtresse pour la Troisième Étape. Imaginez que vous remettez les clés de votre voiture à quelqu'un d'autre. Pensez à remettre un travail ou une responsabilité à une personne plus apte. Les gens qui sont passés par le programme pendant un certain temps parlent de remettre leurs problèmes et leurs troubles de chaque jour à une Puissance supérieure. Quant à ceux d'entre nous qui suivent la Troisième Étape pour la première fois, nous remettons notre volonté et notre vie aux soins de Dieu. Quelque image que vous choisissiez, le sens demeure le même : l'abandon de votre volonté et de votre vie. Remettez-la. Laissez Dieu prendre le contrôle.

VOLONTÉ PROPRE. La volonté propre est la détermination en nous tous de contrôler notre propre vie. En soi, la volonté propre n'est pas mauvaise. Dieu nous a donné le pouvoir de choisir. Le problème au sujet du choix survient quand notre volonté est en conflit avec celle de Dieu. Nos choix nous ont apporté de la souffrance, des difficultés, des dépendances, des compulsions et des comportements contradictoires. La volonté de Dieu pour notre vie apporte l'espoir, la guérison et la paix. Ses desseins sont bons. Notre volonté propre s'exerce mieux en choisissant l'abandon à Dieu.

QUATRIÈME ÉTAPE

Nous avons courageusement procédé à un inventaire moral, minutieux de nous-mêmes.

• • •

Examinons notre voie, scrutons-la et revenons à Yahvé.
(Lm 3, 40)

Pour comprendre la Quatrième Étape

Si nous vivions seuls et étions aveugles, nous ferions face à un grand nombre de besoins spéciaux. Par exemple, nous pourrions trouver difficile de nettoyer parfaitement notre maison seuls. Nous pourrions demander à un ami qui voit clair de venir nous aider. Cet ami pourrait trouver des endroits que nous n'aurions pas nettoyés. Il nous indiquerait ces endroits, et puis, espérons-le, nous aiderait à les nettoyer.

Dans la Quatrième Étape, nous nous rendons compte qu'il y a des domaines de notre vie qui ont besoin d'une attention spéciale. Nous nous rendons compte également que nous ne pouvons pas voir tous ces domaines. La dénégation nous a empêchés de voir les poussières dans les recoins. Une piètre estime de soi nous a fait ignorer la beauté et la valeur de notre vie. Dans cette Étape, notre Puissance supérieure vient à nous comme un ami attentionné. Dieu ouvre nos yeux aux faiblesses dans notre vie qui a besoin de changement et nous aide à bâtir sur nos forces.

Mise en œuvre de la Quatrième Étape

Comme tout commerçant ferait l'inventaire de ses appro-
visionnements, nous faisons l'inventaire de notre vie dans la
Quatrième Étape. Le cahier des stocks à la main, nous parcourons les sentiers de notre vie et notons les points faibles et
les points forts. Quand nous en sommes aux relations, nous
faisons le bilan des ressentiments et des rancunes, mais nous
examinons aussi nos relations affectueuses et saines. Parvenus aux communications, nous notons les mensonges, mais
nous remarquons aussi les partages positifs avec les autres.
Dans ce processus, nous pouvons nous adresser à Dieu pour
qu'Il nous guide. Il sait beaucoup mieux que nous ce que contient notre entrepôt.

Préparation à la Quatrième Étape

Nous préparons la Quatrième Étape en reconnaissant
que, jusqu'à un certain point, la dénégation a joué dans notre
vie. Nous nous préparons en demandant à Dieu le courage
de scruter ces recoins qui ont été protégés par la dénégation.
Et nous nous préparons à la Quatrième Étape en prévoyant
la façon de nous nourrir pendant et après le processus
d'inventaire.

Prière pour la Quatrième Étape

Mon Dieu,

C'est moi qui ai fait de ma vie un gâchis. Je l'ai fait, mais je
ne peux pas le défaire. Mes fautes sont bien les miennes, et je
vais commencer un inventaire moral complet et sans crainte.
Je noterai mes torts, mais j'écrirai aussi ce qui est bon. Je vous
demande la force de remplir cette tâche jusqu'au bout.*

---

*   Extraite de *Prayers for The Twelve Steps – A Spiritual Journey*
    (*op. cit.*), p. 14.

*L*a Quatrième Étape entame les phases de croissance de notre cheminement. Ici, nous examinons notre comportement et affinons la compréhension que nous avons de nous-mêmes. L'aventure de la découverte de soi commence avec la Quatrième Étape et se poursuit jusqu'à la Septième Étape. Au cours de ces quatre prochaines Étapes, nous préparerons un inventaire personnel, nous en discuterons avec les autres qui participent au programme et nous demanderons à Dieu de supprimer nos défauts. Une parfaite honnêteté dans la préparation de cet inventaire est essentielle pour une découverte de soi qui constitue la base de notre recouvrance. Cette honnêteté nous permet d'éliminer les obstacles qui nous ont empêchés de nous connaître et de reconnaître véritablement nos sentiments les plus profonds sur la vie.

La Quatrième Étape nous aide à entrer en contact avec notre "ombre", cette partie de nous que nous avons cachée pendant si longtemps — notre nature refoulée. Dans le processus de la préparation de notre inventaire, nous développerons et élargirons notre compréhension de notre comportement. Nous verrons que notre ombre fait partie intégrante de notre nature et doit être acceptée. Cette partie de notre nature dissimule nos ressentiments, nos craintes et autres sentiments refoulés. Quand nous commencerons à nous voir nous-mêmes, nous apprendrons à accepter tout notre caractère — le bon et le mauvais. Cette acceptation nous permettra de découvrir des comportements de survie qui ont débuté dans notre enfance. Dans le contexte de notre turbulente jeunesse, ces comportements ont sauvegardé notre vie. Cependant, leur maintien dans notre vie d'adulte rend notre comportement dysfonctionnel.

La dénégation est une habileté principale de survie que nous avons apprise tôt dans notre enfance. Elle a ralenti notre croissance émotionnelle en nous maintenant dans un monde imaginaire. Nous avons souvent imaginé que notre situation était meilleure qu'elle ne l'était en réalité. La dénégation nous a protégés de nos sentiments et nous a aidés à réprimer les misères de notre milieu familial. Notre honte et notre culpabilité nous ont rendus silencieux plutôt que d'être honnêtes et d'affronter la crainte d'être ridiculisés par les autres. Ce retrait nous a empêchés de devenir des adultes mûrs et émotivement sains. À mesure que notre découverte de soi se développe, nous commençons à reconnaître le rôle que la dénégation a joué dans notre vie. Cette prise de conscience est la base de notre acceptation de la vérité sur notre histoire personnelle.

Le ressentiment et la crainte sont deux problèmes qu'il nous faut étudier avant de pouvoir entamer le processus de la préparation de notre inventaire. Nos ressentiments envers les gens, les lieux et les choses qui nous ont blessés nous préoccupent et restreignent notre aptitude à vivre le moment actuel. Le ressentiment provient de ce que nous cachons les pénibles blessures qui ont marqué notre vie. Il évoque la colère, la frustration et la dépression. Quand nos ressentiments ne sont pas résolus, nous risquons de développer de graves maladies physiques et mentales.

La crainte limite notre aptitude à nous servir de notre raison. Quand la crainte nous trouble, il est difficile de voir les situations dans leur véritable perspective. La crainte est la racine d'autres sentiments répressifs et pénibles. Elle nous empêche de nous exprimer avec honnêteté et de répondre de façon appropriée à des situations menaçantes. Alors, pour changer notre comportement, nous devons tout d'abord affronter et accepter nos craintes. En reconnaissant notre nature craintive, nous pouvons nous attendre à une perte temporaire de notre estime de soi; cette estime de soi revient heureusement à mesure que nous sommes disposés à nous fier à Dieu.

La préparation de notre inventaire exige que nous nous adressions à Dieu pour Lui demander de nous guider. Nous avons renoué nos relations avec la Puissance supérieure dans la Deuxième et la Troisième Étapes, et maintenant nous demandons à Dieu de nous aider. Nous examinerons de près notre histoire personnelle et nous reconnaîtrons ce que nous y voyons. À mesure que ce processus se développera, nous reconnaîtrons le besoin de changement. Ce travail sera beaucoup plus facile si nous nous souvenons simplement que Dieu est avec nous. Avec l'aide de Dieu, nous pouvons revoir courageusement nos forces et nos faiblesses.

La Quatrième Étape nous fournit l'occasion de reconnaître que certaines aptitudes, acquises dans notre enfance, peuvent n'être plus appropriées dans notre vie d'adulte. Blâmer les autres pour nos malheurs, nier la responsabilité des comportements qui nous font du tort et résister à la vérité sont des modes de comportement que nous devons écarter. Ces divers comportements que nous avons acquis se sont développés tôt dans notre vie et sont devenus des défauts de caractère. Nous les considérons maintenant et nous en sommes troublés. De pénibles souvenirs peuvent refaire surface. Notre volonté d'être honnêtes quant à ce que nous dévoilons nous donnera l'acuité d'esprit essentielle à la poursuite de notre recouvrance.

Il est utile et même nécessaire de consigner nos pensées par écrit en suivant la Quatrième Étape. Le processus de l'écriture fixe nos pensées vagabondes et nous permet de nous concentrer sur ce qui arrive en vérité. Il permet souvent à des sentiments réprimés d'émerger et nous donne une compréhension plus profonde de nous-mêmes et de notre comportement. Il nous faut accepter tout ce que nous découvrons, en sachant que cette découverte est simplement un pas de plus vers une vie plus saine. Nous devons être honnêtes et entiers pour franchir la Quatrième Étape avec succès. Avec l'aide de Dieu et avec notre courage personnel, nous pouvons nous attendre à en retirer des avantages sans limites.

Consultons les Écritures

La dénégation provient du milieu de notre enfance que nous ne pouvions pas contrôler. C'était notre manière de dominer la confusion, l'instabilité et la violence des adultes autour de nous. Nous rationalisions ce qui arrivait et nous inventions des raisons acceptables de leur comportement inacceptable. En agissant ainsi, nous évitions le chaos et niions les problèmes accablants. Quand nous avons grandi, notre dénégation a continué à nous protéger du besoin de faire face à la réalité.

Le cœur est rusé plus que tout, et pervers, qui peut le pénétrer? Moi, Yahvé, je scrute les cœurs, je sonde les reins, pour rendre à chacun d'après sa conduite, selon le fruit de ses œuvres. (Jr 17, 9-10)

• • •

Essayer de survivre au chaos en niant son existence favorise la tromperie et l'illusion.

Le pouvoir de la dénégation est illustré dans la Bible quand Pierre renie le Christ. À cause de son grand amour pour le Christ, Pierre considérait comme inconcevable qu'il puisse renier le Christ. Cependant, quand Pierre se vit face à la situation, il lui était plus facile de renier le Christ que d'admettre qu'il était son disciple et d'avoir à en affronter les conséquences. Quand Pierre se rendit compte de ce qu'il avait fait, il fut renversé. De même, quand nous nous rendons compte de ce que la dénégation nous a causé, nous éprouvons des sentiments de haine de nous-mêmes, qui ont besoin d'être reconnus et résolus.

Comme Pierre était en bas dans la cour, arrive une des servantes... Voyant Pierre qui se chauffait, elle... dit : « Toi aussi, tu étais avec le Nazarénien Jésus. » Mais lui nia ... Puis il se retira dehors vers le vestibule... La servante, l'ayant vu, recommença à dire aux assistants : « Celui-là en est! »... Il se mit à jurer avec force imprécations ... Et aussitôt, un coq chanta ... Et il éclata en sanglots. (Mc 14, 66-72)

• • •

Quand nous craignons les conséquences de dire la vérité, nous sommes portés à dire des mensonges.

La dénégation a diverses formes et peut facilement se dissimuler. En voici quelques formes reconnaissables :

Nier simplement. Prétendre que quelque chose n'existe pas quand, de fait, cette chose existe (ainsi, ne pas tenir compte de symptômes physiques qui peuvent suggérer la présence de problèmes).

Minimiser. Reconnaître un problème, mais refuser d'en voir la gravité (ainsi, admettre un abus de drogues prescrites quand, en fait, il y a une dépendance avérée).

Blâmer. Reconnaître le problème, mais blâmer quelqu'un d'autre comme cause (ainsi, blâmer les autres de votre tendance à vous isoler).

Excuser. Présenter des excuses, des alibis, des justifications et autres explications pour notre comportement ou celui des autres (ainsi, appeler pour dire qu'un partenaire est malade quand la véritable cause est une absence pour cause d'ivresse).

Généraliser. Régler les problèmes sur un niveau général, qui évite habituellement la prise de conscience personnelle et émotionnelle de la situation ou des conditions (ainsi, sympathiser avec le chômage d'un ami quand vous savez que la cause est son irresponsabilité).

Éviter. Changer de sujet pour éviter des thèmes risqués (ainsi, parler du temps qu'il fait quand votre conjoint parle du carnet de chèques qui montre un compte à découvert).

Attaquer. Se fâcher quand quelqu'un fait allusion à des conditions actuelles, pour éviter un problème (ainsi, s'élever contre les conditions de travail quand le patron parle de retard).

Car si quelqu'un estime être quelque chose, alors qu'il n'est rien, il se fait illusion. Que chacun examine sa propre conduite et alors il trouvera en soi seul et non dans les autres l'occasion de se glorifier; car tout homme devra porter sa charge personnelle. (Ga 6, 3-5)

• • •

*Notre orgueil peut restreindre notre capacité d'être honnê-
tes, et c'est un élément critique quand il s'agit de faire un
inventaire moral, minutieux et sans crainte.* *

Faire un inventaire personnel ressemble à nettoyer une
armoire. On prend note de ce qu'on a, on examine ce dont on
a besoin et on se défait de ce qui n'est plus utile ou approprié.
Il n'est pas nécessaire de le faire tout d'un coup, mais on doit
le faire un jour ou l'autre. Si nous nettoyons seulement de
petites sections à la fois, le nettoyage est plus complet et le
résultat à long terme est meilleur. De même que les vête-
ments peuvent déclencher le rappel de souvenirs du passé,
ainsi l'inventaire peut évoquer des souvenirs positifs et négatifs. Nous devons nous rappeler que le passé n'est que de
l'histoire. Ce n'est pas le but de notre inventaire de nous attar-
der au passé. Non plus que d'examiner le passé pour décer-
ner ou accepter des blâmes. Cette réflexion n'est qu'un outil
qui nous aide à comprendre nos modes d'agissement du
moment présent. La réflexion sur le passé peut nous permettre d'avoir un aperçu sur nos luttes actuelles et sur nos continuelles faiblesses. Notre principal souci maintenant est pour
l'avenir. Nous pouvons diminuer les craintes qui accompa-
gnent cette tâche en abordant l'inventaire de cette façon.

*Examinons notre voie, scrutons-la et revenons à
Yahvé.* (Lm 3, 40)
•••
*L'examen personnel de notre vie nous donnera un aperçu
sur les façons dont nous nous sommes détournés de Dieu et
sommes devenus autodestructeurs.*

* Suggestion utile : Lire la note de recouvrance sur Ga 6, 1-3,
p. 1308, *Life Recovery Bible (op. cit.).*

Dans la Quatrième Étape, nous entrerons en contact avec de nombreux comportements et de nombreuses attitudes qui sont avec nous depuis l'enfance. Notre prise de conscience grandissante sur la façon dont on nous a élevés nous aidera à comprendre que nos comportements actuels sont des suites naturelles de notre besoin de survivre d'autrefois. Comme adultes, nous pouvons maintenant choisir un style de vie différent. Nous pouvons apprendre à nous conduire d'une façon qui nous fasse grandir. À mesure que nous examinerons nos forces et nos faiblesses, nous prendrons conscience des domaines de notre vie qui ont besoin d'être fortifiés. Nous pouvons nous servir de l'inventaire pour décider quels domaines de notre vie ont besoin de changement et quels domaines semblent être dans l'état où nous voulons qu'ils soient.

Sonde-moi, ô Dieu, connais mon cœur, scrute-moi, connais mon souci; vois que mon chemin ne soit fatal, conduis-moi sur le chemin d'éternité. (Ps 139, 23-24)

• • •

Nous étendons notre confiance en Dieu en Lui demandant de faire partie de notre processus de découverte de soi.

Notre prochaine tâche est de considérer le ressentiment et de reconnaître quel grand tort il nous cause. C'est notre ennemi numéro un et souvent la principale cause de maladie spirituelle. Quand nous dressons la liste de nos ressentiments, nous voyons à quel point ils ont nui à notre estime de soi, à notre bien-être et à nos relations personnelles. Adhérer à nos ressentiments entraîne le stress, l'anxiété et des sentiments incontrôlables de colère. S'ils ne sont pas liquidés, il en résultera des conséquences émotionnelles et physiques graves. Si nous laissons prévaloir nos ressentiments, une grave dépression peut s'ensuivre et, ultimement, nous détruire.

Sachez-le, mes frères bien-aimés : que chacun soit prompt à écouter, lent à parler, lent à la colère, car la colère de l'homme n'accomplit pas la justice de Dieu. Rejetez donc toute malpropreté, tout reste de malice, et recevez avec docilité la Parole qui a été implantée en vous et qui peut sauver vos âmes. (Jc 1, 19-21)

• • •

Le ressentiment et la colère rivent notre esprit sur la personne ou la situation qui cause des sentiments négatifs et nous empêchent d'accepter la promesse de guérison de Dieu.

Le second ennemi le plus destructeur est la peur. C'est l'émotion que nous éprouvons le plus fortement quand nous commençons à nous considérer. Quand la peur est présente, notre besoin de nier, d'ignorer et de fuir la réalité s'accroît. Notre perspective irréaliste augmente démesurément et intensifie nos réponses émotionnelles. La peur peut nous causer une grande douleur. Elle nous attaque au point de vue physique et engendre des sentiments qui vont de l'appréhension à la panique. Quand nous craignons, nous pouvons devenir nerveux, avoir des nausées ou être désorientés. Quand nous faisons l'inventaire de nos peurs, nous pouvons découvrir qu'elles viennent de notre inaptitude à prendre des décisions.

Il n'y a pas de crainte dans l'amour; au contraire, le parfait amour bannit la crainte, car la crainte implique un châtiment, et celui qui craint n'est point parvenu à la perfection de l'amour. (1 Jn 4, 18)

• • •

La culpabilité et la honte que nous éprouvons au sujet de nos comportements passés peuvent nous empêcher de faire un inventaire complet. L'amour que Dieu a pour nous supprimera notre peur.

Il faut un grand courage pour affronter nos ressentiments et nos peurs. Jusqu'ici, nous avons eu tendance à faire taire nos sentiments. Maintenant, nous commençons à regarder des domaines de notre vie que nous n'avons jamais explorés auparavant. Il importe de nous rendre compte que Dieu est avec nous et qu'Il nous aidera à chaque pas que nous ferons. Avec l'aide et la compréhension de Dieu, la peine diminuera.

Examinez-vous vous-mêmes pour voir si vous êtes dans la foi. Éprouvez-vous vous-mêmes. Ne reconnaissez-vous pas que Jésus Christ est en vous? À moins peut-être que l'épreuve ne tourne contre vous. Vous reconnaîtrez, je l'espère, qu'elle ne tourne pas contre nous. (2 Co 13, 5-6)

• • •

*Notre foi grandit à mesure que nous nous examinons et que nous voyons combien Jésus est présent dans notre vie.**

Comme faisant partie de l'inventaire de la Quatrième Étape, nous allons considérer nos traits de caractère et voir nos forces et nos faiblesses. Nos forces paraissent dans les comportements qui ont des effets positifs sur nous aussi bien que sur les autres, les faiblesses se révèlent dans les comportements destructeurs. Nous commençons à comprendre quand nous découvrons comment nous sommes devenus ce que nous sommes — comment nous avons exprimé les idées, les croyances et les attitudes qui gouvernent nos agissements.

Aigreur, emportement, colère, clameurs, outrages, tout cela doit être extirpé de chez vous, avec la malice sous toutes ses formes. (Ep 4, 31)

• • •

---

*   Suggestion utile : Lire la méditation sur 2 Co 13, 5-6, p. 54, *Meditations for The Twelve Steps – A Spiritual Journey (op. cit.).*

Les sentiments non exprimés empoisonneront la paix et la sérénité que nous recherchons.

Notre inventaire peut s'avérer difficile. Si nous sommes bloqués, la dénégation commencera à agir. Nous avons besoin d'arrêter un moment, de réfléchir à ce que nous essayons de faire et d'analyser nos sentiments. Nous devons aussi demander l'aide de Dieu. En de pareils instants, la présence de Dieu a une grande importance pour nous et nous devons être disposés à nous adresser à Lui pour obtenir son soutien.

Souviens-toi de ma misère et de mon angoisse : c'est absinthe et fiel! Elle s'en souvient, elle s'en souvient, mon âme, et elle s'effondre en moi. Voici ce qu'à mon cœur je rappellerai pour reprendre espoir : Les faveurs de Yahvé ne sont pas finies, ni ses compassions épuisées. *(Lm 3, 19-22)*

• • •

L'amour de Dieu nous mènera à travers les ténèbres du passé et vers la lumière d'une vie nouvelle.

Heureux homme, celui qui supporte l'épreuve! Sa valeur une fois reconnue, il recevra la couronne de vie que le Seigneur a promise à ceux qui l'aiment. *(Jc 1, 12)*

• • •

Notre courage augmente à mesure que nous complétons notre inventaire et vainquons la tentation d'éviter de faire face à la vérité de notre passé.

L'inventaire que nous faisons est à notre propre profit, non au profit des autres. Il nous aidera à progresser à grands pas dans notre acceptation de nous-mêmes et nous fera avancer sur le chemin de la recouvrance. Quand nous passons aux Cinquième, Sixième et Septième Étapes, le processus continue à se développer à mesure que nous découvrons la vérité à notre sujet, que nous en discutons avec les autres et, enfin, que nous demandons à Dieu de supprimer nos défauts.

Mortifiez donc vos membres terrestres : fornication, impureté, passion coupable, mauvais désirs, et la cupidité, qui est une idolâtrie; voilà ce qui attire la colère divine sur ceux qui résistent. Vous-mêmes, vous vous conduisiez naguère de la sorte, quand vous viviez parmi eux. Eh bien! à présent, vous aussi, rejetez tout cela : colère, emportement, malice, outrages, vilains propos doivent quitter vos lèvres. (Col 3, 5-8)

• • •

Notre inventaire de la Quatrième Étape nous aide à nous rendre compte combien nous nous sommes égarés loin des voies de Dieu. C'est notre première démarche pour trouver la paix en ce qui concerne notre passé.*

Idées maîtresses

INVENTAIRE MORAL. Un inventaire moral est une liste de nos faiblesses et de nos forces. Dans ce texte, on dénomme aussi les faiblesses comme des torts, des défauts de caractère, des déficiences et des imperfections. Nous faisons cet inventaire après avoir prié Dieu de nous aider. L'inventaire est tout à notre avantage.

APTITUDES DE SURVIE. Les aptitudes de survie sont des défenses naturelles que nous développons pour nous protéger du chaos de la famille où nous avons passé notre enfance. Ces aptitudes de survie de notre enfance nous ont accompagnés dans notre vie adulte et n'ont fait qu'ajouter à nos luttes.

---

*   Suggestion utile : Lire "I need to Take a Trip", p. 14-15, *Prayers for The Twelve Steps – A Spiritual Journey (op. cit.).*

DÉNÉGATION. La dénégation est une des principales aptitudes de survie que nous avons apprises dès le début de notre enfance. Nous nous protégeons en prétendant que rien ne va mal et que notre vie est heureuse. Nous ignorons les vrais problèmes en les remplaçant par des explications élaborées, des rationalisations ou en détournant l'attention soit en minimisant les torts, en blâmant, en excusant, en généralisant, en esquivant ou en attaquant.

RESSENTIMENT. Le ressentiment est un obstacle majeur à la recouvrance, qui doit être éliminé. Le ressentiment est l'amertume et la colère que nous éprouvons contre ceux que nous considérons comme des menaces à notre sécurité ou à notre bien-être, ou ceux qui nous ont fait du tort. S'ils ne sont pas supprimés, nos ressentiments entravent notre progrès et notre croissance.

CRAINTE. La crainte est souvent notre première réponse à quelque chose de nouveau. Nous rencontrons le changement avec crainte parce que nous nous sentons menacés par tant de choses. La crainte suscite une réponse physique qui commence par une poussée d'adrénaline et met finalement tout le corps en état d'alerte. Cet état mène souvent à une tension continue et non désirée, et peut être la cause d'une maladie reliée au stress.

OMBRE. Bien que le mot "ombre" puisse sembler étrange ou d'une terminologie chrétienne peu commune, l'idée de lutte entre la lumière et les ténèbres est une vérité qu'on trouve dans la Bible. Quand saint Jean parle de la venue du Christ, il décrit le Christ comme lumière. L'idée de ténèbres et d'ombre illustre le mauvais côté de ce monde et notre nature corrompue. "Ombre" se rapporte aux ténèbres que nous portons en nous. Tout comme l'ombre suit chacun de nos mouvements, notre côté sombre ou notre nature déchue est toujours avec nous. Notre ombre est le plus en évidence quand on la met en contraste avec la lumière du jour. Notre vieille nature déchue est tout à fait en évidence quand nous nous tenons près de la lumière de Dieu, la Bible. Prenez le temps de lire Jean 1, 1-9, Romains 7, 7-25, et 1 Jean 1, 5-7.

Lignes de direction importantes pour la préparation de votre inventaire

Le matériel offert dans ce guide d'inventaire de la Quatrième Étape diffère d'inventaires employés dans d'autres programmes Douze Étapes. Il insiste sur les sentiments et les comportements qui se voient le plus fréquemment chez les adultes venant de familles où existaient des abus d'alcool ou de drogues, ou d'autres comportements dommageables. En préparant votre inventaire, choisissez les traits qui s'appliquent spécifiquement à vous. Ne les attaquez pas tous à la fois. Travaillez sur ceux avec lesquels vous vous sentez plus à l'aise. Plus tard, vous en viendrez aux plus difficiles. Concentrez-vous sur des événements récents ou rappelez-vous des paroles et des actions avec autant de précision que possible. Prenez votre temps. Il est préférable d'examiner certains points à fond que d'être superficiel sur tous.

L'inventaire s'ouvre par des exercices sur les ressentiments et les peurs, suivis d'une série de sentiments et de comportements à étudier. Ce processus vous prépare à la Cinquième Étape. Vous êtes le premier bénéficiaire de votre honnêteté et de votre minutie dans cet inventaire. Il importe de ne pas généraliser. Soyez aussi précis que possible.

Après la section sur les faiblesses de caractère, vous aurez l'occasion de faire la liste de vos points forts. Ce chapitre comprend aussi un "inventaire supplémentaire" qui vous permet de noter les points forts et les points faibles qui n'ont pas paru dans la liste de ce texte.

NOTE : LA DIXIÈME ÉTAPE PRÉSENTERA UN INVENTAIRE SPÉCIAL POUR ÉVALUER VOTRE PROGRÈS DEPUIS L'INVENTAIRE DE LA QUATRIÈME ÉTAPE.

• Le ressentiment •

Le ressentiment est la cause sous-jacente de nombreuses formes de maladies spirituelles. Nos maux mentaux et physiques sont souvent la conséquence directe de cette condition malsaine. Il ne fait pas de doute que les autres ont pu nous faire du tort et nous sommes alors en plein droit d'éprouver du ressentiment. Cependant, le ressentiment ne punit nul autre que nous-mêmes. Nous ne pouvons pas, en même temps, entretenir le ressentiment et trouver la guérison. On s'en débarrasse le plus facilement en demandant à Dieu la force de pardonner à celui qui nous a offensés. Savoir se comporter de façon saine quant au ressentiment constitue une partie importante de notre recouvrance.

Quand nous avons du ressentiment, nous pouvons :

- nous sentir insultés
- nous sentir violés
- nous sentir de peu de valeur
- nous sentir mis de côté
- nous sentir en train de nous venger
- nous sentir en colère ou amers

Examinez des cas où le ressentiment devient pour vous un problème.

EXEMPLE : **J'ai du ressentiment** contre mon patron **parce qu'**il ne se soucie pas de m'entendre expliquer pourquoi je suis déprimé. **Ce qui affecte** ma propre estime. **Ce qui stimule** ma colère inexprimée. **Ce qui fait que je me sens** encore plus déprimé.

ÉVALUATION PERSONNELLE : Sur une échelle allant de 1 à 10, à quel degré le ressentiment influence-t-il votre vie négativement? 1 indique que l'influence négative est faible. 10 indique une forte influence négative. Encerclez le nombre qui vous représente aujourd'hui.

1	2	3	4	5	6	7	8	9	10

• La crainte •

La crainte est une cause sous-jacente de nombreuses formes de maladies spirituelles. C'est le premier sentiment que nous éprouvons quand nous ne maîtrisons pas la situation. Cette émotion malsaine peut avoir un large éventail de maux mentaux et physiques. La crainte nous empêche souvent de voir des options qui nous permettraient de résoudre efficacement les problèmes qui la provoquent. Apprendre à reconnaître la crainte de façon saine est une partie importante de notre processus de recouvrance.

Quand nous craignons, nous pouvons :

- nous sentir menacés
- lutter pour notre survie
- nous sentir rejetés
- anticiper une perte
- résister au changement
- être confrontés à notre mortalité

Examinez des cas où la crainte devient pour vous un problème.

EXEMPLE : **Je crains** mon conjoint **parce que** je sens que je ne peux jamais lui plaire. **Ce qui affecte** ma propre estime et ma sexualité. **Ce qui stimule** ma crainte d'abandon. **Ce qui fait que je me sens** sans valeur et en colère.

ÉVALUATION PERSONNELLE : Sur une échelle allant de 1 à 10, à quel degré la crainte influence-t-elle votre vie de façon négative? 1 indique qu'elle exerce une faible influence négative. 10 indique qu'elle exerce une forte influence négative. Encerclez le nombre qui vous représente aujourd'hui.

1	2	3	4	5	6	7	8	9	10

• La colère inappropriée •

La colère est une cause majeure de nombreux problèmes dans la vie des adultes qui ont été élevés dans des foyers chaotiques. C'est un sentiment que nous supprimons souvent parce que nous nous sentirions mal à l'aise en l'avouant. Dans notre foyer chaotique, le trouble était si intense que nous faisions taire notre colère ou que nous l'exprimions de façon inappropriée. Nous sentions qu'il était plus sécuritaire de nous protéger et nous espérions simplement que ces sentiments s'évanouiraient. Nous ne nous rendions pas compte que la colère réprimée pouvait mener à un ressentiment ou à une dépression grave. Elle a pour conséquence des complications physiques qui peuvent devenir des maladies reliées au stress. Nier la colère ou l'exprimer de façon inappropriée cause des problèmes de relations parce que nous ne pouvons pas alors être sincères au sujet de nos sentiments ou parce qu'il nous faut toujours prétendre.

Quand nous exprimons notre colère de façon inappropriée, nous pouvons éprouver :

- du ressentiment
- de l'apitoiement sur soi
- de l'anxiété
- de la dépression
- de la jalousie
- du stress

Examinez des cas où la colère devient pour vous un problème.

EXEMPLE : **J'ai exprimé de façon inappropriée ma colère** contre mon fils **parce que** sa conduite m'embarrasse. **Ce qui affecte** ma propre valeur. **Ce qui stimule** ma crainte du rejet. **Ce qui me fait sentir** que je suis incompétent comme parent.

ÉVALUATION PERSONNELLE : Sur une échelle allant de 1 à 10...

1	2	3	4	5	6	7	8	9	10

• La recherche de l'approbation •

Suite à notre éducation dysfonctionnelle, nous craignons la désapprobation et la critique. Quand nous étions enfants, nous voulions à tout prix recevoir l'approbation de nos parents, de nos grands-parents, de nos semblables et d'autres personnes importantes. C'est pourquoi nous cherchions toujours à nous faire approuver. Ce besoin d'approbation s'est maintenu dans notre âge adulte et a gravement affecté notre style de vie de même que la façon de penser aux besoins des autres. Au lieu de rechercher l'approbation de manière positive, nous cherchons une approbation qui fait que nous nous sentons plus à l'aise par rapport à nous-mêmes. Ce qui nous empêche d'être en véritable contact avec nos sentiments et nos propres désirs, et nous empêche de découvrir nos propres besoins. Nous cherchons les réactions des autres, et nous essayons de contrôler l'impression qu'ils ont de nous. Nous nous efforçons sans cesse de plaire à tous et à chacun et nous entretenons souvent des relations qui nous font du tort.

Quand nous avons besoin de l'approbation des autres,
nous pouvons :

- plaire aux gens
- craindre la critique
- craindre l'échec
- manquer de confiance

- nous sentir sans valeur
- ignorer nos propres
  besoins

Examinez des cas où la recherche de l'approbation devient
pour vous un problème.

EXEMPLE : **Je recherche l'approbation** de mes amis **parce que** je veux me sentir plus à l'aise par rapport à moi-même. **Ce qui influence** mes relations avec mes amis. **Ce qui stimule** ma crainte du rejet. **Ce qui me fait sentir** que je ne suis important pour personne.

ÉVALUATION PERSONNELLE : Sur une échelle allant de 1 à 10...

1	2	3	4	5	6	7	8	9	10

• La préoccupation des autres •

Quand nous étions enfants, nous prenions souvent la responsabilité de préoccupations et de problèmes des autres que nous étions absolument incapables de régler. En conséquence, nous avons été privés d'une enfance normale. Les exigences irréalistes qu'on nous imposait et les félicitations que nous recevions parce que nous nous comportions comme de "jeunes adultes" nous faisaient croire que nous avions des pouvoirs presque divins. Le soin que nous prenions des autres rehaussait notre propre estime et faisait en sorte que nous nous considérions comme indispensables. À titre de responsables du soin des autres, nous sommes plus à l'aise dans des situations chaotiques où les autres nous assurent qu'on a besoin de nous. Bien que nous en voulions souvent aux autres du fait qu'ils reçoivent toujours et ne donnent jamais, nous sommes incapables de permettre aux autres de prendre soin de nous. Nous ne ressentons pas la joie de prendre soin de nous-mêmes.

Comme responsables des autres, nous pouvons :

- être codépendants
- sauver les gens
- ignorer nos propres besoins
- perdre notre identité
- nous sentir très responsables
- nous sentir indispensables

Examinez des cas où la préoccupation des autres devient pour vous un problème.

EXEMPLE : **Je veille** aux problèmes financiers de mon ami **parce que** je veux qu'il m'aime davantage. **Ce qui influence** les fonds dont je pourrais disposer pour mes propres besoins financiers. **Ce qui stimule** mon ressentiment et ma tendance à me retirer. **Ce qui me fait ressentir** ma solitude.

ÉVALUATION PERSONNELLE : Sur une échelle allant de 1 à 10...

1	2	3	4	5	6	7	8	9	10

• Le contrôle •

Dans notre enfance, nous avions peu de contrôle ou nous n'avions aucun contrôle sur les événements qui se déroulaient dans notre vie. Comme adultes, nous avons un besoin extraordinaire de contrôler nos sentiments et notre comportement, et nous essayons de contrôler ceux des autres. Nous devenons raides et incapables d'agir spontanément. Nous ne nous fions qu'à nous-mêmes quand il s'agit d'accomplir une tâche ou de maîtriser une situation. Nous manipulons les autres pour gagner leur approbation et garder assez de contrôle pour nous sentir en sécurité. Nous craignons que notre vie se détériore si nous abandonnons notre position de commande. Nous devenons stressés et inquiets quand notre autorité est menacée.

Par suite de notre besoin de contrôler, nous pouvons :

- trop réagir au changement
- manquer de confiance
- craindre l'échec
- vouloir juger et être rigides
- être intolérants
- manipuler les autres

Examinez des cas où le contrôle devient pour vous un problème.

EXEMPLE : **Je contrôle** mon fils de dix-neuf ans **parce que** je crains de le perdre. **Ce qui influence** mes relations avec lui. **Ce qui stimule** mes craintes d'abandon. **Ce qui me rend** très craintif et impuissant.

ÉVALUATION PERSONNELLE : Sur une échelle allant de 1 à 10...

1	2	3	4	5	6	7	8	9	10

• La crainte de l'abandon •

La crainte de l'abandon est une réaction au stress qui a débuté dans notre tendre enfance. Quand nous étions enfants, nous avons noté des comportements imprévisibles d'adultes responsables. Nous ne savions jamais d'un jour à l'autre si nos parents seraient là pour nous. Plusieurs d'entre nous furent abandonnés, soit physiquement, soit émotionnellement. À mesure que la dépendance de nos parents empirait, leur inaptitude comme parents empirait aussi. Comme enfants, nous n'étions simplement pas importants. Maintenant, comme adultes, nous sommes portés à choisir des partenaires avec qui nous pouvons répéter ce modèle. Nous essayons d'être parfaits en satisfaisant tous les besoins de nos partenaires pour ne pas faire de nouveau l'expérience de l'abandon. Notre besoin de réduire la possibilité d'abandon a la préséance sur le règlement des problèmes ou des conflits. Ce comportement crée un environnement tendu où la communication est à peu près nulle.

Quand nous craignons l'abandon, nous pouvons :

- nous sentir dans l'insécurité
- nous soucier des besoins des autres
- nous sentir rejetés
- nous préoccuper outre mesure
- devenir codépendants
- éviter de nous trouver seuls

Examinez des cas où la crainte de l'abandon devient pour vous un problème.

EXEMPLE : **Je crains l'abandon** de mon mari **parce qu**'il ne fait guère attention à moi. **Ce qui influence** la paix de mon esprit. **Ce qui me stimule** à bien prendre soin de lui et à le manipuler. **Ce qui me rend** craintive et vulnérable.

ÉVALUATION PERSONNELLE : Sur une échelle allant de 1 à 10...

1	2	3	4	5	6	7	8	9	10

• La crainte des autorités •

La crainte de ceux qui représentent l'autorité peut venir des attentes irréalistes de nos parents à notre sujet — alors qu'ils voulaient que nous réussissions mieux que nous le pouvions. Nous considérons les gens en autorité comme entretenant des attentes irréalistes à notre sujet et nous craignons ainsi de ne pas pouvoir réaliser leurs attentes. Nous sommes incapables de nous comporter comme il conviendrait avec les gens qui occupent à notre égard des positions d'autorité. Nous interprétons comme de la colère ce qui est une simple affirmation de soi exprimée par les autres. Ce qui peut nous intimider et nous rendre hypersensibles. Quelle que soit notre compétence, nous nous comparons aux autres et nous en concluons que nous ne sommes pas à la hauteur. En conséquence, nous compromettons sans cesse notre intégrité pour éviter la confrontation ou la critique.

Par suite de la crainte des autorités, nous pouvons :

- craindre le rejet
- prendre les choses personnellement
- devenir arrogants
- nous comparer aux autres
- réagir au lieu d'agir
- nous sentir inaptes

Examinez des cas où ceux qui occupent des positions d'autorité deviennent pour vous un problème.

EXEMPLE : **Je crains** ma patronne **parce que** je ne veux pas qu'elle sache combien je pense que je suis stupide. **Ce qui influence** mon comportement quand je suis près d'elle. **Ce qui stimule** mon besoin de m'isoler — de passer inaperçu. **Ce qui me rend** puéril et sans maturité.

ÉVALUATION PERSONNELLE : Sur une échelle allant de 1 à 10...

1	2	3	4	5	6	7	8	9	10

• Les sentiments figés •

Plusieurs parmi nous éprouvent de la difficulté à exprimer leurs sentiments ou même à se rendre compte qu'ils en ont. Nous endurons de profondes douleurs émotionnelles de même qu'un sens de culpabilité et de honte. Comme enfants, l'expression de nos sentiments provoquait désapprobation, colère et rejet. Pour survivre, nous avons appris à voiler nos sentiments ou à les réprimer totalement. Comme adultes, nous ne sommes pas en contact avec nos sentiments. Nous ne pouvons nous permettre d'avoir que des sentiments "acceptables" pour demeurer "en sécurité". Notre véritable nature est déformée pour que nous puissions nous protéger de la vraie réalité. Les sentiments déformés et réprimés sont la cause de ressentiment, de colère et de dépression qui mènent souvent à des maladies physiques.

Quand nous avons des sentiments figés, nous pouvons :

- être inconscients de nos sentiments
- refuser la conversation
- supprimer les sentiments positifs
- être déprimés
- avoir des sentiments déformés
- avoir des difficultés dans nos relations

Examinez des cas où des sentiments figés sont pour vous un problème.

EXEMPLE : **Je réprime mes sentiments** envers ma conjointe **parce que** je ne veux pas être offensé. **Ce qui influence** mes actions et limite mon aptitude à communiquer avec elle. **Ce qui stimule** mon besoin de m'isoler et fait qu'on m'accuse d'être insensible et sans affection. **Ce qui fait que je me sens** isolé et solitaire.

ÉVALUATION PERSONNELLE : Sur une échelle allant de 1 à 10...

1	2	3	4	5	6	7	8	9	10

• L'isolement •

Nous trouvons habituellement plus sécuritaire de nous retirer des milieux où nous nous sentons mal à l'aise. En nous isolant, nous empêchons les autres de nous voir tels que nous sommes réellement. Nous nous disons que nous sommes sans valeur et que nous ne méritons donc pas l'amour, l'attention et l'acceptation. Nous nous disons aussi que nous ne pouvons pas être punis ou offensés si nous n'exprimons pas nos sentiments. Plutôt que de courir des risques, nous choisissons de les taire, supprimant ainsi le besoin d'affronter des conséquences incertaines.

Quand nous nous isolons, nous pouvons :

- craindre le rejet
- nous sentir abandonnés
- différer les rencontres
- nous sentir vaincus
- être timides et craintifs
- nous voir comme différents

Examinez des cas où l'isolement devient pour vous un problème.

EXEMPLE : **Je m'isole** de ma conjointe **parce qu'**elle est si négative à mon égard. **Ce qui influence** ma propre estime. **Ce qui stimule** mon autocritique négative et ma colère. **Ce qui fait que je me sens** sans valeur et stupide.

ÉVALUATION PERSONNELLE : Sur une échelle allant de 1 à 10...

1	2	3	4	5	6	7	8	9	10

• Une faible estime de soi • -

Une faible estime de soi provient de notre petite enfance. À cette époque, on nous encourageait rarement à croire que nous étions à la hauteur ou importants. À cause d'une critique constante, nous croyions que nous étions "mauvais" et la cause de nombreux problèmes familiaux. Pour nous sentir acceptés, nous essayions davantage de plaire. Plus nous nous y efforcions, plus nous étions frustrés. Une faible estime de soi influence notre aptitude à définir des objectifs et à y parvenir. Nous avons peur de prendre des risques. Nous nous sentons responsables de ce qui va de travers et, lorsque quelque chose de bon arrive, nous ne nous en donnons pas le crédit. Au contraire, nous sentons que nous ne le méritons pas et nous croyons que cela ne durera pas.

Quand notre estime de soi est faible, nous pouvons :

- n'être pas affirmatifs
- craindre l'échec
- sauver les autres ou plaire aux autres
- nous isoler des autres
- avoir une image négative de nous-mêmes
- sembler inaptes

Examinez des cas où une faible estime de soi est pour vous un problème.

EXEMPLE : **J'ai une faible estime personnelle** quand on me demande de parler devant les autres **parce que** je crois que tous savent combien je suis sans valeur et insignifiant. **Ce qui influence** ma capacité à parler intelligemment. Je bredouille, je trouve des raisons de ne pas parler et je m'excuse. **Ce qui stimule** une haine de moi-même et une autocritique négative. **Ce qui fait** que je me sens sans espoir.

ÉVALUATION PERSONNELLE : Sur une échelle allant de 1 à 10...

1	2	3	4	5	6	7	8	9	10

• Un sens exagéré de responsabilité •

En tant qu'enfants de foyer dysfonctionnel, nous nous sentions responsables des problèmes de nos parents. Nous essayions d'être des "enfants modèles" et d'arranger les choses comme nous pensions que les autres les voulaient. Nous croyions que nous étions responsables des émotions et des actions des autres — même quant au résultat des événements. Aujourd'hui, nous sommes encore hypersensibles aux besoins des autres et nous essayons d'assumer la responsabilité de les aider à satisfaire leurs besoins. Il importe pour nous que nous soyons parfaits. Nous nous offrons pour accomplir de nombreuses tâches pour que les gens nous apprécient. Notre sens de la responsabilité fait que nous nous engageons beaucoup trop : nous avons tendance à entreprendre plus de choses que nous ne pouvons en réaliser de façon efficace.

Quand nous sommes trop responsables, nous pouvons :

- prendre la vie trop au sérieux
- avoir une fausse fierté
- manipuler les autres
- trop entreprendre
- sembler rigides
- être perfectionnistes

Examinez des cas où une responsabilité exagérée devient pour vous un problème.

EXEMPLE : **Je me sens trop responsable** quand les choses vont mal au travail **parce que** je sens comme si c'était ma faute. **Ce qui affecte** ma santé. Je deviens extrêmement tendu et j'ai des maux de tête. **Ce qui excite** mon ressentiment et ma colère. Je déteste ces gens qui me laissent faire tout le travail. **Ce qui me donne un sentiment** de culpabilité.

ÉVALUATION PERSONNELLE : Sur une échelle allant de 1 à 10...

1	2	3	4	5	6	7	8	9	10

• L'irresponsabilité •

Pendant notre enfance, la vie était si chaotique que nous sentions que rien de ce que nous faisions ne valait la peine. Les modèles que nous avions ne méritaient pas notre confiance et étaient irresponsables de sorte que nous ne savions pas ce qui était normal. Nous n'avions pas les aptitudes nécessaires pour accomplir ce qu'on attendait de nous. Nous ne pouvions pas être ce que tous voulaient que nous soyons, alors nous avons cessé d'essayer. Au lieu d'entrer en compétition avec des rivaux qui réussissaient, nous nous sommes désengagés et avons abandonné. Devenus adultes, nous sommes irresponsables. Nous attendons que les choses changent avant de prendre des initiatives. Nous croyons que la vie a été si injuste envers nous que nous ne nous reconnaissons pas coupables de notre condition. Nous sommes écrasés par nos problèmes, mais nous ne savons pas comment nous pouvons nous en tirer.

Quand nous sommes irresponsables, nous pouvons :

- nous désintéresser
- sembler indifférents
- nous attendre à ce que les autres prennent soin de nous
- mal exécuter notre travail
- nous sentir victimes
- avoir une fausse fierté

Examinez des cas où l'irresponsabilité devient pour vous un problème.

EXEMPLE : **Je me sens irresponsable** quand on attend trop de moi **parce que** je sais que je ne peux pas plaire à ma famille. **Ce qui affecte** ma propre estime. Je veux m'isoler et me cacher. **Ce qui excite** mon ressentiment et ma colère. Je déteste ces gens qui m'en demandent tant. **Ce qui fait que je me sens** coupable et craintif.

ÉVALUATION PERSONNELLE : Sur une échelle allant de 1 à 10...

1	2	3	4	5	6	7	8	9	10

• La sexualité réprimée •

Nous sommes confus et incertains au sujet de nos sentiments sexuels envers les autres, en particulier envers ceux
qui sont plus proches de nous ou ceux avec qui nous espé-
rons devenir plus intimes. Parce que c'est gênant de partager
nos sentiments avec les autres, nous n'avons aucune occasion
de développer une saine attitude par rapport à notre propre
sexualité. Quand nous étions enfants, nous pouvons avoir
entendu dire : « le sexe est sale et on ne doit pas en parler ».
Certains d'entre nous ont vu que leurs parents désapprou-
vaient absolument le sexe ou qu'ils étaient désintéressés
quant au sexe. Il se peut que nous ayons été molestés par un
parent ou un proche parent qui avait perdu la maîtrise de lui-
même. En conséquence, nous sommes mal à l'aise dans nos
comportements sexuels. Nous ne parlons pas de sexe librement avec nos partenaires de crainte de n'être pas compris ou
d'être abandonnés.

Par suite de notre sexualité réprimée, nous pouvons :

- nous sentir coupables
  et honteux
- éviter l'intimité
- séduire les autres

- perdre tout sens moral
- être frigides ou
  impuissants
- être vicieux

*Examinez des cas où votre sexualité devient pour vous
un problème.*

EXEMPLE : **Je réprime ma sexualité** quand mon conjoint
désire l'intimité **parce que** je me sens sale et indigne d'amour.
Ce qui affecte nos relations. **Ce qui excite** mon ressentiment
et ma colère contre mon conjoint parce qu'il ne comprend
pas; en conséquence, je me déteste d'être tel. **Ce qui fait que
je me sens** seul.

ÉVALUATION PERSONNELLE : Sur une échelle allant de 1 à 10...

1	2	3	4	5	6	7	8	9	10

Les points forts de caractère

Examinez les points forts de caractère que vous possédez déjà dans les domaines suivants :

ÉMOTIONNEL. Des sentiments sains ou des réponses affectives envers soi et envers les autres (ainsi, je peux sentir et exprimer mon amour envers mon conjoint et mes enfants).

SPIRITUEL. D'excellents rapports avec Dieu (ainsi, j'ai un ferme engagement envers Jésus Christ).

RELATIONNEL. Interaction positive et de soutien avec les autres (ainsi, j'ai une saine amitié avec Robert).

MORAL. Éthique et comportement convenables en pensées et en actions (ainsi, j'ai une conscience claire par rapport à mes affaires commerciales).

INTELLECTUEL. Une attention et une énergie de première valeur dans les activités mentales (ainsi, je consacre du temps à la lecture et à l'étude).

PRÉOCCUPATION DE SOI ET DE SON DÉVELOPPEMENT. Un intérêt pour sa santé et pour prendre soin de soi (ainsi, je prends le temps d'aller à la pêche).

Inventaire supplémentaire

Prenez maintenant le temps d'examiner les points faibles et les points forts que vous n'avez pas examinés dans votre inventaire de la Quatrième Étape.

CINQUIÈME ÉTAPE

Nous avons avoué à Dieu, à nous-mêmes et à un autre être humain la nature exacte de nos torts.

• • •

Confessez donc vos péchés les uns aux autres et priez les uns pour les autres, afin que vous soyez guéris.
(Jc 5, 16)

Pour comprendre la Cinquième Étape

Imaginez une maison qui a été fermée depuis plusieurs années. Tout est revêtu d'une couche de poussière. Les signes de délabrement abondent : des toiles d'araignée en guirlandes comme des décorations de fête. Des odeurs de renfermé et d'air vicié, de moisi et de moisissures. Des jouets et des babioles méconnaissables sur le manteau de cheminée couvert de poussière. Des portraits oubliés et flétris sur des murs tachés. Des sensations étranges qui flottent comme des fantômes du temps jadis. Nous nous hâtons d'ouvrir toutes les portes, de retirer toutes les draperies, d'aérer toutes les pièces closes. Nous allumons toutes les lampes et éclairons tous les coins sombres et empoussiérés. Nous observons la lumière du jour qui balaye tous les démons des ténèbres et des ombres.

Notre vie ressemble à une maison fermée et condamnée. Tous nos secrets honteux, nos comportements embarrassants et nos espoirs déçus y gisent, cachés à la vue. L'air de notre vie est vicié parce que nous avons eu peur d'ouvrir les portes et les fenêtres à qui que ce soit d'autre, de crainte d'être découverts, rejetés ou couverts de honte. La Cinquième Étape nous donne la chance d'émerger. Quand nous avouons la nature de nos torts à Dieu, à nous-mêmes et à un autre être humain, nous ouvrons les portes et les fenêtres de notre vie. Nous nous manifestons tels que nous sommes.

Mise en œuvre de la Cinquième Étape

Nous suivons la Cinquième Étape en apportant notre inventaire de la Quatrième Étape à Dieu dans une demande spirituelle. Nous suivons la Cinquième Étape en étant honnêtes avec nous-mêmes, en nous regardant bien en face et en récitant notre inventaire. Nous suivons la Cinquième Étape en partageant notre inventaire avec quelqu'un en qui nous pouvons avoir confiance, quelqu'un qui comprendra, quelqu'un qui nous encouragera et ne nous condamnera pas.

Préparation à la Cinquième Étape

Nous nous préparons à la Cinquième Étape en programmant un temps sans distraction avec Dieu et avec nous-mêmes. Nous la préparons en recherchant spirituellement un autre être humain avec qui partager. Et nous la préparons en demandant à Dieu Son aide pour franchir cette Étape. Parfois, nous avons tendance à arrondir les angles et à diluer la vérité de notre inventaire. Dieu peut nous donner le courage d'être brutalement honnêtes sur nous-mêmes.

Prière pour la Cinquième Étape

Puissance supérieure,

Mon inventaire m'a montré qui je suis; cependant, je demande Ton aide pour avouer mes torts envers une autre personne et envers Toi. Donne-moi de l'assurance et accompagne-moi dans cette Étape, car, sans cette Étape, je ne peux pas progresser dans ma recouvrance. Avec Ton aide, je peux le faire et je vais le faire.[*]

---

*L*a Quatrième Étape a posé les bases qui ont permis d'identifier un grand nombre de nos actions et pensées restées dans l'ombre. Elle nous a aussi fourni l'occasion de noter nos points forts. En parcourant jusqu'au bout la Quatrième Étape, nous avons pris conscience de beaucoup de vérités à notre sujet. Ce qui a pu nous être pénible. La réaction naturelle est un sentiment de tristesse ou de culpabilité, ou des deux à la fois. Nous avons fait face honnêtement à nous-mêmes et à notre histoire. Avec courage, nous avons identifié certains comportements que nous voulons éliminer.

Pour ceux d'entre nous qui ont été francs et exhaustifs, la Quatrième Étape a fourni la fondation sur laquelle nous bâtirons notre recouvrance. Elle a permis d'identifier les sentiments non encore définis, les souvenirs non encore guéris et les défauts personnels qui ont créé du ressentiment, de la dépression et la perte de notre propre valeur. La lumière et l'aide de Dieu (Jean 1, 5-9) nous ont aidés à engager notre vie à marcher dans la lumière de Sa vérité. La reconnaissance de

---

[*] Tirée de *Prayers for The Twelve Steps – A Spiritual Journey (op. cit.)*, p. 16.

nos torts et la restauration de notre dignité personnelle ont commencé à enlever un lourd fardeau de notre cœur et de notre esprit. Maintenant que nous avons identifié les traits de notre caractère, nous pouvons nous soulager du poids de la culpabilité et de la honte associées à nos mauvais comportements.

La Cinquième Étape exige que nous nous engagions dans une honnête confrontation avec nous-mêmes et avec les autres en avouant nos fautes à Dieu, à nous-mêmes et à une autre personne. Ce faisant, nous entamons l'importante phase de mettre de côté notre orgueil pour nous voir dans une vraie perspective.

L'aveu de la nature exacte de nos torts à Dieu est la première phase de la Cinquième Étape. Ici, nous confessons à Dieu tout ce que nous avons tant cherché à camoufler. Il n'est plus nécessaire de blâmer Dieu ou les autres pour ce qui nous est arrivé. Nous commençons à accepter notre histoire telle qu'elle est. Ce processus d'acceptation nous rapproche de Dieu, et nous commençons à nous rendre compte qu'Il est toujours là pour nous. Notre confession nous aide à recevoir l'amour de Dieu et à nous accepter nous-mêmes inconditionnellement. Nous devons nous souvenir que nous sommes tous enfants de Dieu et que nous ne serons jamais rejetés.

L'aveu de nos torts à nous-mêmes a débuté dans la Quatrième Étape, quand nous avons écrit notre inventaire et avons eu l'occasion de voir nos comportements tels qu'ils étaient. Dans la Cinquième Étape, nous admettons nos torts en toute conscience. Ce qui hausse notre propre estime et nous soutient alors que nous allons vers la Septième Étape, où nous demandons à Dieu de supprimer nos faiblesses.

Raconter notre histoire à une autre personne peut être une expérience terrifiante. Plusieurs d'entre nous ont passé la majeure partie de leur vie à édifier des défenses pour éloigner les autres. Nous avons vécu dans l'isolement pour nous protéger de toute nouvelle offense. La Cinquième Étape est le sentier qui nous mènera hors de l'isolement et de la solitude, un mouvement vers l'intégration, le bonheur et un sentiment de paix. C'est une expérience humiliante que d'être tout à fait francs, mais nous ne pouvons plus simuler. Il est temps de nous révéler totalement à un autre être humain.

Nous dévoilerons des parties de notre nature que nous nous sommes dissimulées à nous-mêmes. Nous pouvons craindre l'impact qu'aura sur notre vie la vérité que nous aurons fait connaître. Le fait de partager notre histoire avec une autre personne peut nous faire craindre d'être rejetés. Cependant, il est essentiel que nous prenions ce grand risque et que nous confessions nos torts. Avec l'aide de Dieu, nous aurons le courage de révéler notre véritable nature. Le résultat vaudra toute l'angoisse du processus de soulagement de ce fardeau.

Voici quelques directives importantes sur lesquelles nous devons nous concentrer en suivant jusqu'au bout la Cinquième Étape.

- Souvenez-vous que la Cinquième Étape ne nous demande que d'avouer la nature exacte de nos torts. Nous avouons combien nos comportements nous ont fait du tort ou ont fait du tort aux autres. Il n'est pas nécessaire de dire comment ces torts se sont produits ou comment les changements se feront. Vous ne recherchez pas des conseils.

- Commencez par la prière, demandant à Dieu d'être présent alors que vous vous préparez à manifester vos révélations et vos intuitions de la Quatrième Étape. Demandez à l'Esprit de Dieu de vous guider et de vous soutenir dans ce dont vous êtes sur le point de faire l'expérience.*

- Rappelez-vous de partager aussi vos points forts. L'objectif est d'atteindre un équilibre. Remerciez Dieu des points forts de votre caractère qu'Il a entretenus dans votre vie.

---

* Suggestion utile : Lire les prières de la Cinquième Étape, p. 16-17, *Prayers for The Twelve Steps – A Spiritual Journey (op. cit.).*

- Quand vous avez terminé la Cinquième Étape, prenez le temps de prier et de méditer en réfléchissant sur ce que vous avez fait. Remerciez Dieu des outils qui vous ont été donnés pour améliorer vos relations avec Lui. Prenez le temps de relire les cinq premières Étapes et prenez note de quoi que ce soit que vous auriez omis. Reconnaissez que vous posez de nouvelles bases pour votre vie. La pierre angulaire est votre relation avec Dieu et votre engagement à la franchise et à l'humilité.

- Félicitez-vous d'avoir eu le courage de risquer cette révélation, et remerciez Dieu de la paix de l'esprit que vous avez obtenue.

Demandez l'aide de Dieu dans le choix de la personne à qui vous allez avouer vos torts. Rappelez-vous que cette autre personne doit refléter l'image du Christ et être Son représentant. Dieu a voulu que nous parlions aux autres, que nous partagions nos tristesses et nos joies comme membres de Sa famille. Recherchez les qualités que vous admirez chez l'autre personne et qui vous inspirent confiance. Trouvez quelqu'un d'un même niveau spirituel, ayant une compréhension semblable à la vôtre. L'Esprit Saint de Dieu opère spirituellement à travers tous Ses enfants. Partager nos expériences spirituelles nous aidera à comprendre la profondeur de l'amour inconditionnel de Dieu pour toute Sa famille humaine.

Choisissez avec soin votre auditeur de la Cinquième Étape, quelqu'un qui soit bien au fait des programmes Douze Étapes. Cet individu peut être :

- un membre du clergé d'une religion établie. Des ministres de diverses croyances reçoivent souvent de telles demandes.

- un ami en qui vous avez confiance (de préférence du même sexe), un médecin ou un psychologue.

- un membre de votre famille avec qui vous pouvez partager ouvertement. Ayez soin de ne pas révéler de renseignements qui pourraient faire du tort à votre conjoint ou à d'autres membres de la famille.

- un membre du programme Douze Étapes. Si vous travaillez avec des groupes de famille tels que décrits dans ce livre, vous pouvez trouver qu'une confiance significative existe déjà dans votre groupe. Cette confiance grandira en suivant la Cinquième Étape avec un membre du groupe. Dans certains cas, le groupe entier de famille peut être l'auditeur.

- un auditeur patient et sympathique. L'auditeur est le porte-parole de Dieu et vous transmet l'acceptation inconditionnelle de Dieu.

- un auditeur qui vous accepte et vous comprend.

Consultons les Écritures

Notre relation grandissante avec Dieu nous a donné le courage de nous examiner, d'accepter ce que nous sommes et de révéler notre véritable nature. La Cinquième Étape nous aide à reconnaître nos vieilles aptitudes de survie, à nous en libérer et à aller vers une nouvelle vie plus saine. La franchise et l'examen intégral de notre inventaire nous met en mesure de faire face aux faits réels et d'aller de l'avant.

Soumettez-vous donc à Dieu; résistez au diable et il fuira loin de vous. Approchez-vous de Dieu et il s'approchera de vous. Purifiez vos mains, pécheurs; sanctifiez vos cœurs, gens à l'âme partagée. (Jc 4, 7-8)

• • •

Notre inventaire personnel nous permet de reconnaître notre passé et de nous tourner résolument vers l'avenir.[*]

---

[*] Suggestion utile : Lire "Prayers of Penitence", chapitre 7, p. 93-103, *Prayers for The Twelve Steps – A Spiritual Journey* (op. cit.).

La Cinquième Étape comprend trois parties distinctes. Nous confesserons nos fautes à Dieu, à nous-mêmes et à un autre être humain. Pour certains d'entre nous, cet aveu consistera à raconter l'histoire de notre vie pour la première fois. Ce faisant, nous nous libérerons d'un bagage excessif que nous avons longtemps porté. Quand nous ouvrirons notre cœur pour nous révéler nous-mêmes, nous atteindrons un niveau plus profond de spiritualité. La manifestation de soi est une partie importante de notre vie spirituelle. Nous avons été créés pour vivre en communauté à la fois avec Dieu et avec les autres. Une vie de communauté demande que nous partagions ce que nous sommes et que nous participions avec les autres. Nos comportements contradictoires, de même que notre honte, ont été la cause de notre isolement des autres.

Nous connaissons, Yahvé, notre impiété, la faute de nos pères : oui, nous avons péché contre toi. (Jr 14, 20)

• • •

En concentrant notre esprit sur Dieu, nous prenons conscience de notre désir de nous éloigner du mal pour aller vers le bien.

Faire l'aveu de nos défaillances à Dieu peut être terrifiant. Nous pouvons croire que, parce que Dieu est maître de tout l'univers, tous les événements dépendent de Sa volonté. Ainsi, blâmer Dieu peut être pour nous une façon de nier notre participation à notre problème. Il importe de comprendre que Dieu nous a donné une volonté libre. Il veut ce qu'il y a de meilleur pour nous, mais Il nous permet de faire des choix qui soient libres de Son intervention. Quand nous avouons nos torts envers Lui, nous devons nous attacher fermement à Son amour inconditionnel et infini pour nous. Il nous fortifiera et nous guidera, quand nous donnerons suite à Son désir que nous menions une vie saine et paisible.

C'est donc que chacun de nous rendra compte à Dieu pour soi-même. (Rm 14, 12)

• • •

Avouer nos torts à Dieu commence la restauration de notre intégrité personnelle en arrachant les masques derrière lesquels nous nous étions dissimulés.

La Cinquième Étape est tout à votre avantage — Dieu vous connaît déjà. Vous commencez à mener une vie d'humilité, de franchise et de courage. Il en résultera pour vous liberté, bonheur et sérénité.

Les renseignements suivants vous seront utiles quand vous terminerez la Cinquième Étape avec Dieu.

• Imaginez que Dieu est assis en face de vous sur une chaise.

• Commencez par une prière comme celle-ci : « Seigneur, je sais que Tu me connais déjà totalement. Je suis maintenant prêt à me révéler à Toi ouvertement et humblement — mes comportements qui ont fait du tort à moi et aux autres, mon égocentrisme et les traits négatifs de mon caractère. Je Te remercie des dons et des aptitudes qui m'ont conduit à ce point de ma vie. Enlève-moi la crainte d'être connu et rejeté. Je me remets et je remets ma vie à Tes soins et à Ta garde. »

• Parlez clairement, sincèrement et franchement. Faites part de votre compréhension des intuitions que vous avez acquises par votre inventaire de la Quatrième Étape. Soyez conscients que certaines émotions peuvent refaire surface comme faisant partie de l'expérience du puissant nettoyage par laquelle vous passez.

Si vous ne l'avez pas encore fait, arrêtez-vous maintenant et partagez votre inventaire de la Quatrième Étape avec Dieu.

Notre aveu à nous-mêmes est la partie la moins inquié-
tante de la Cinquième Étape et peut se faire avec le moins de
risque. Cependant, ce n'est pas la partie la plus facile de la
Cinquième Étape, à cause de la dénégation. Nous nous servons de la dénégation comme mécanisme de défense — un
outil inconscient pour nous protéger contre la douleur. Par la
dénégation, nous nous exemptons de faire face à la vérité sur
nous-mêmes. La dénégation n'est pas facilement vaincue,
mais si nous avons fait un inventaire honnête à la Quatrième
Étape, la barrière de la dénégation est déjà affaiblie.

---

*Si nous disons : « Nous n'avons pas de péché », nous
nous abusons, la vérité n'est pas en nous. Si nous confessons nos péchés, lui, fidèle et juste, pardonnera nos
péchés et nous purifiera de toute iniquité.* (1 Jn 1, 8-9)

• • •

*Se tromper soi-même appartient à la nature humaine. Dans
la Cinquième Étape, nous sommes mis au défi d'être francs.*

La rédaction de votre inventaire de la Quatrième Étape a
entamé le processus du développement de votre prise de
conscience. C'est le premier pas vers ce qui deviendra bientôt
le véritable amour de soi. L'évaluation de soi solitaire est le
commencement de votre confession. C'est dans la Cinquième
Étape que vous transformez cette connaissance en une acceptation de soi améliorée.

Les renseignements suivants seront utiles quand vous
parcourrez la Cinquième Étape avec vous-même.

• Assoyez-vous sur une chaise en imaginant que votre
  double est assis juste en face de vous sur une chaise libre.
  Ou assoyez-vous devant un miroir qui vous permet de
  vous voir pendant que vous parlez.

• Parlez fort. Prenez le temps d'entendre ce que vous dites
  et de remarquer toute compréhension plus profonde qui
  survient.

- Reconnaissez votre courage pour être parvenus à ce point. Cette reconnaissance et chaque partie de ce processus vous libèrent du bagage émotionnel excessif que vous transportiez à cause de votre faible estime de vous-même et d'un certain sentiment de honte.

SI VOUS NE L'AVEZ PAS ENCORE FAIT, ARRÊTEZ-VOUS MAINTENANT ET PARTAGEZ VOTRE INVENTAIRE DE LA QUATRIÈME ÉTAPE AVEC VOUS-MÊME.

L'aveu de nos torts à un autre être humain est la partie la plus puissante de la Cinquième Étape. C'est un véritable exercice d'humilité qui nous aidera à renverser nos défenses personnelles. Être absolument francs avec un autre être humain peut nous effrayer et nous faire remettre à plus tard cette partie de la Cinquième Étape. On est tenté de croire que tout dire à Dieu est tout ce qui est nécessaire parce qu'en fin de compte Il pardonne tous les péchés. Bien que cela soit vrai, la confession à un autre assure une guérison et une intégrité spéciales, et nous délivre de l'emprise du péché caché.

Rentrant alors en lui-même, il se dit : « Combien de mercenaires de mon père ont du pain en surabondance, et moi je suis ici à périr de faim! Je veux partir, aller vers mon père et lui dire : Père, j'ai péché contre le Ciel et envers toi; je ne mérite plus d'être appelé ton fils, traite-moi comme l'un de tes mercenaires. » (Lc 15, 17-19)

• • •

Quand nous nous rendons compte combien bas nous sommes tombés, nous voyons clairement la gravité de notre faute, pour la première fois peut-être.

Quand nous choisirons une personne pour la Cinquième Étape, nous voudrons prendre une personne affectueuse, attentionnée, qui sera là pour nous et nous assurera une acceptation inconditionnelle. Cette personne doit être digne de confiance et ne doit être ni estomaquée ni offensée par ce que nous lui révélerons. Il est sage de choisir quelqu'un qui est bien au courant du programme. Le partage se déroulera facilement si l'on est franc et s'il y a des occasions de réactions de la part de l'autre personne. La confiance en la personne avec qui nous partageons notre histoire est essentielle pour le succès de la Cinquième Étape et assurera une atmosphère de sécurité.

Je me taisais, et mes os se consumaient à rugir tout le jour; la nuit, le jour, ta main pesait sur moi; mon cœur était changé en un chaume au plein feu de l'été. Ma faute, je te l'ai fait connaître, je n'ai point caché mon tort; j'ai dit : J'irai à Yahvé confesser mon péché. Et toi tu as absous mon tort, pardonné ma faute. (Ps 32, 3-5)

• • •

Porter le poids de nos fautes nous vide de notre énergie vitale. La confession renouvellera notre existence.*

En racontant l'histoire de notre vie à une autre personne, nous pouvons espérer plus qu'être simplement entendus. Nous devons être prêts à écouter la réponse de l'autre personne. L'échange peut être riche d'espoir et de bénéfice si nous voulons bien écouter, avec un esprit ouvert, le point de vue de l'autre personne. Cette attitude augmente notre prise de conscience sur nous-mêmes et nous donne une occasion de changement et de croissance. La réaction nous est essentielle comme moyen de terminer le processus de révélation. Des questions posées avec tact et considération peuvent révéler des intuitions et des sentiments dont nous ne sommes pas conscients.

Partager ainsi l'histoire de notre vie avec quelqu'un d'autre peut être l'une des plus importantes interactions de

---

*   Suggestion utile : Lire la note de recouvrance sur le texte du Psaume 32, 5-9, p. 610, *Life Recovery Bible (op. cit.).*

notre vie. Pour ce motif, nous devons veiller à ne pas mettre inconsciemment d'obstacles pour notre protection. Nous devrions avoir le contact du regard et inclure l'autre personne dans notre pensée.

Confessez donc vos péchés les uns aux autres et priez les uns pour les autres, afin que vous soyez guéris. La supplication fervente du juste a beaucoup de puissance. (Jc 5, 16)

• • •

Un partage de prières avec un frère ou une sœur dans le Christ prépare le commencement de la guérison.

Qui masque ses forfaits point ne réussira; qui les avoue et y renonce obtiendra merci. (Pr 28, 13)

• • •

Dans la Cinquième Étape, nous devons exposer implacablement la nature exacte de nos torts, étant toujours certains du pardon miséricordieux de Dieu.

Il faut une grande humilité pour nous dévoiler totalement à une autre personne. Nous sommes sur le point de révéler nos traits de caractère contradictoires, nuisibles et dangereux. Nous mentionnerons aussi nos points forts et nos caractéristiques valables. Nous devons le faire pour enlever les masques que nous présentons au monde. C'est un pas courageux vers l'élimination de notre besoin de feindre et de dissimuler.

Les renseignements suivants peuvent être utiles pour parcourir jusqu'au bout la Cinquième Étape avec une autre personne.

• Prenez tout le temps voulu pour exprimer chaque pensée et demeurez concentrés sur le sujet. Ne donnez pas d'explications qui ne sont pas nécessaires.

- Supprimez les distractions. Les appels téléphoniques, les enfants, les visiteurs et les bruits extérieurs ne doivent pas nuire à votre partage.

- Quand la Cinquième Étape est terminée, les deux parties peuvent échanger leurs sentiments au sujet de cette expérience. Il est maintenant possible de vous témoigner l'un à l'autre l'amour que Dieu nous témoigne par le Christ.

- Il est possible que vous ne revoyiez plus votre auditeur de la Cinquième Étape. C'est très bien. Il dépend uniquement de vous de poursuivre vos relations comme vous l'entendez, ou de passer d'une amitié occasionnelle à un accompagnement spirituel plus profond.

SI VOUS NE L'AVEZ PAS ENCORE FAIT, ARRÊTEZ-VOUS MAINTENANT ET PARTAGEZ VOTRE INVENTAIRE DE LA QUATRIÈME ÉTAPE AVEC UN AUTRE ÊTRE HUMAIN.

Quand la Cinquième Étape est terminée, certaines attentes peuvent ne pas être encore satisfaites. Nous devons comprendre que les échéances de Dieu ne sont pas nos échéances. Dieu œuvre en chacun de nous selon notre capacité de Lui répondre. Nous ne devons pas céder à notre inquiétude; nous devons plutôt avoir confiance en Dieu. Le véritable test de l'acceptation de notre Cinquième Étape est notre volonté d'avoir confiance que Dieu renforcera et augmentera notre capacité de changer notre vie.

Si tu fus assez sot pour t'emporter et si tu as réfléchi, mets la main sur ta bouche! (Pr 30, 32)

• • •

Reconnaître notre nature perverse et hautaine peut être notre premier exercice dans l'expérience de l'humilité. Nous commençons à comprendre combien Dieu doit nous aimer.

En complétant la Cinquième Étape, nous nous rendrons compte que nous n'avons pas toujours le contrôle. Il n'est pas facile de changer instantanément de vieux modes de comportement. L'aveu de la véritable nature de nos torts n'est pas une garantie que nous cesserons d'agir selon nos vieilles manières. Nous pouvons nous attendre à connaître des moments de faiblesse. Mais nous pouvons aussi être forts en sachant que nos rapports avec Dieu nous aideront à les dominer. Si nous voulons sincèrement changer nos comportements, Dieu nous donnera la force et le courage requis.

Tous ont péché et sont privés de la gloire de Dieu.
(Rm 3, 23)

• • •

Nos aveux de la Cinquième Étape aident à nous rendre compte combien nous nous sommes privés du plan de Dieu pour nous.[*]

Idées maîtresses

OMBRE. Dans la Cinquième Étape, nous venons aux prises avec notre ombre. Dans la Quatrième Étape, nous avons remarqué la présence de notre ombre, mais nous n'avons pas envisagé comment elle influençait notre vie. C'est comme si l'on remarquait qu'une souris est à l'œuvre dans notre cuisine pendant la nuit. Le matin, nous trouvons des déchets et des marques de dents, mais nous ne voyons pas la souris elle-même. Dans la Quatrième Étape, nous avons remarqué l'évidence et nous avons identifié les problèmes, mais dans la Cinquième Étape, nous attrapons la souris. Nous avouons ouvertement nos torts.

---

[*]   Suggestion utile : Lire la méditation se rapportant à Rm 3, 23, p. 72, *Meditations for The Twelve Steps – A Spiritual Journey (op. cit.).*

CONFESSION. Dans la Cinquième Étape, la confession est l'acte par lequel nous avouons nos torts. Nous confesser, c'est reconnaître ouvertement ce que nous avons découvert dans notre inventaire de la Quatrième Étape. Dans la confession, nous disons la vérité à notre sujet; nous racontons notre histoire. Nous mettons fin au silence, à l'isolement, à la dissimulation.

SIXIÈME ÉTAPE

Nous avons pleinement consenti à ce que Dieu élimine
tous ces défauts de caractère.

• • •

Humiliez-vous devant le Seigneur et il vous élèvera.
(Jc 4, 10)

Pour comprendre la Sixième Étape

Quand un fermier entreprend la culture dans un champ, il commence par préparer le sol. Le fermier passera la charrue, le disque, la herse, il épandra du fertilisant, passera de nouveau la herse et enfin il sèmera. Pendant une bonne période de temps, le fermier est visiblement actif dans le champ. Mais après qu'il a semé, il s'arrête quelque temps pour permettre à la nouvelle semence de croître. Il ne peut rien faire d'autre qu'espérer.

Dans la Sixième Étape, l'activité arrête pour un certain temps. On laisse aux semences de changement que Dieu a répandues le temps de germer et de croître. Nous laissons à nos émotions le temps de s'adapter à nos nouvelles expériences. Nous avons été labourés et préparés, et maintenant nous laissons au pouvoir de Dieu le temps nécessaire pour créer en nous un changement intérieur.

Mise en œuvre de la Sixième Étape

Nous suivons la Sixième Étape en étant prêts pour que Dieu apporte le changement dans notre vie. Se préparer ne semble pas du travail, mais c'est un véritable travail — un travail spirituel. Dieu ne peut pas nous changer à moins que nous soyons disposés à Le laisser le faire et, jusqu'ici, nous n'avons pas demandé de changement à Dieu. Nous avons seulement pris conscience de notre condition et nous avons avoué nos besoins. Dans les Étapes qui viennent, nous demanderons à Dieu d'enlever nos faiblesses et de nous aider à tout redresser. Dans cette Étape, nous attendons que Dieu fasse quelques changements intérieurs, et nous devons être sensibles aux changements qu'Il opère dans notre cœur.

Préparation à la Sixième Étape

Nous nous préparons à la Sixième Étape en apaisant notre esprit et en ouvrant notre cœur. Les Cinquième et Sixième Étapes ont exigé un dur travail et ont fait émerger de pénibles découvertes sur nous-mêmes. Maintenant, la meilleure façon de nous préparer est de vivre une période de paix. Nous déposons le crayon et chaussons les souliers de marche. Prendre le temps d'être seuls avec nous-mêmes et avec Dieu nous aidera à écarter les distractions qui parfois nous dissimulent la réalité.

Prière pour la Sixième Étape

Seigneur,

Je suis prêt à ce que tu m'aides à éliminer de moi les défauts de caractère qui, je le sais maintenant, font obstacle à ma recouvrance. Aide-moi à continuer à être honnête envers moi-même et guide-moi vers la santé spirituelle et mentale.[*]

---

[*]   Tirée de *Prayers for The Twelve Steps – A Spiritual Journey* (op. cit.), p. 18.

*Q*uelques-uns d'entre nous, ayant terminé les cinq premiè-res Étapes, peuvent penser que nous pouvons nous arrêter là. La vérité, c'est que beaucoup plus de travail nous attend. Les meilleurs résultats sont encore à venir. Dans les Première et Deuxième Étapes, nous avons reconnu notre impuissance et en sommes venus à croire en un pouvoir plus grand que nous-mêmes. Dans la Troisième Étape, nous avons confié aux soins de Dieu notre volonté et notre vie. Dans les Quatrième et Cinquième Étapes, nous avons fait face honnêtement à la vérité à propos de nous-mêmes et avons avoué cette vérité à Dieu, à nous-mêmes et à une autre personne. Nous pouvons avoir l'illusion que tout va bien et que les Étapes restantes sont moins importantes. Si nous croyons cela, nous allons assurément gâcher notre progrès.

Les cinq premières Étapes ont contribué à nous orienter dans la bonne direction alors que nous avons posé les fonde-ments d'une ultime reddition. Dans la Sixième Étape, nous faisons face au besoin de changer nos attitudes et nos com-portements. Ici, nous nous préparons à faire ces changements et à modifier totalement le cours de notre vie.

Les changements qui sont sur le point de survenir dans notre vie exigent un effort de coopération. Dieu assure la direction et sème en nous le désir. Nous apportons la volonté de poser les actes nécessaires. Notre tâche est de répondre au leadership de Dieu dans notre cheminement. Dieu ne s'impose jamais à nous. Nous devons L'inviter à venir dans notre vie. Voilà pourquoi la Sixième Étape est si importante. Cette Étape nous donne l'occasion de nous préparer à l'œuvre la plus profonde de Dieu, encore à venir.

Personne ne s'attend à ce que nous supprimions seuls nos défauts de caractère. On ne nous demande que de laisser Dieu agir en nous. La Sixième Étape n'est pas une période de mouvement que nous aurions à effectuer. C'est un état de préparation qui nous dispose à être prêts à nous libérer en Dieu de nos défauts. Notre volonté de nous abandonner à Dieu croîtra peu à peu. Ce qui nous permettra d'atteindre le point (dans la Septième Étape) où nous serons prêts à laisser

Dieu prendre le contrôle et supprimer nos défauts comme Il l'entend. Ce que nous faisons en suivant le programme, un jour à la fois, sans nous soucier de voir nos progrès ou non.

Nous devons nous rappeler que les traits de caractère que nous voulons éliminer sont souvent des modes de comportement profondément ancrés en nous et développés au cours de nombreuses années de lutte pour notre survie. Ils ne disparaîtront pas du jour au lendemain. Ces traits de caractère contradictoires font partie de nous. Ce sont les outils dont nous nous sommes servis pour affronter notre environnement. Plusieurs parmi nous pouvaient naguère être libellés "le responsable" ou bien "le coléreux" ou encore "le silencieux". Nous devons être patients pendant que Dieu nous remodèle. Grâce à notre volonté de laisser le contrôle à Dieu, nous apprenons à avoir totalement confiance en Lui. Ce qui nous permet d'accueillir librement son échéancier concernant notre croissance.

La Sixième Étape ressemble à la Deuxième Étape. Ces deux Étapes traitent de notre volonté de laisser Dieu opérer en nous le changement de notre vie. Dans la Deuxième Étape, nous avons recherché la restauration de notre santé physique et morale en parvenant à croire en une puissance plus grande que nous-mêmes. Dans la Sixième Étape, nous cherchons avec empressement à laisser Dieu corriger nos faiblesses. Les deux Étapes reconnaissent l'existence de problèmes qui demandent l'aide de Dieu pour nous en libérer. Le seul fait que nous soyons "parvenus à croire" renforcera notre aptitude à être "totalement disposés".

Consultons les Écritures

Pour réussir la Sixième Étape, nous devons vouloir sincèrement changer les comportements qui nous handicapent. Mais même ce désir de changer viendra de la grâce de Dieu, quand nous nous conformerons à Sa volonté quant à notre vie. Notre passé a été dominé par notre volonté propre, par laquelle nous avons essayé de contrôler notre entourage.

Nous nous sommes faits les victimes de notre volonté propre, en appelant rarement Dieu à notre aide. L'état de notre vie nous montre que notre volonté propre n'a jamais suffi pour nous aider. Maintenant, une franche détermination d'éliminer les défauts de nos comportements nous pousse à rechercher la volonté de Dieu. Avant de pouvoir accepter l'aide de Dieu, nous devons laisser tomber nos penchants autodestructeurs.

L'intelligence en éveil, soyez sobres et espérez pleinement en la grâce qui doit vous être apportée par la Révélation de Jésus Christ. (1 P 1, 13)

• • •

En nous concentrant sur la préparation d'un changement, notre foi sera encouragée, ce qui nous permettra de nous détacher sans trop de heurt de notre passé.[*]

À ce point de notre programme, nous voyons qu'un changement s'impose si nous voulons vivre une vie intégrale. Reconnaître le besoin de changement et être disposé à changer sont deux choses différentes. L'intervalle qui sépare la reconnaissance du besoin de changement et la disposition à s'y soumettre peut être rempli de crainte. À mesure que nous avançons dans la volonté de changement, nous devons oublier nos craintes et demeurer en sécurité en sachant que, sous la direction de Dieu, tout en nous sera restauré.

Cette crainte surgit quand nous croyons que tout repose sur notre responsabilité. Une voix nous dit dans notre esprit : « Aide-toi et le ciel t'aidera. Alors, mets-toi à l'œuvre et change! » Le changement vient de Dieu, non de notre volonté propre. Et il vient quand nous sommes disposés à tout céder.

---

[*]   Suggestion utile : Relire la méditation sur 1 P 1, 13, p. 76, *Meditations for The Twelve Steps – A Spiritual Journey (op. cit.)*.

Mets en Yahvé ta réjouissance; il t'accordera plus que les désirs de ton cœur. Remets ton sort à Yahvé, compte sur lui, il agira. (Ps 37, 4-5)

• • •

En apprenant à vivre à la lumière de l'amour de Dieu, nous entrevoyons la nouvelle vie qui nous est possible.

Non que je sois déjà au but, ni déjà devenu parfait; mais je poursuis ma course pour tâcher de saisir, ayant été saisi moi-même par le Christ Jésus. Non, frères, je ne me flatte point d'avoir déjà saisi; je dis seulement ceci : oubliant le chemin parcouru, je vais droit de l'avant, tendu de tout mon être, et je cours vers le but, en vue du prix que Dieu nous appelle à recevoir là-haut, dans le Christ Jésus. (Ph 3, 12-14)

• • •

Oublier le passé et le rejeter derrière nous est un facteur important de notre recouvrance.

Nos défauts de caractère sont pour nous des outils familiers. Leur perte menace notre aptitude à nous contrôler et à contrôler les autres. La pensée d'abandonner nos faiblesses peut nous troubler, mais Dieu ne nous enlèvera pas un trait de caractère dont nous avons besoin. En mettant notre confiance en Dieu, nous cultivons un sentiment de réconfort. Dieu veut bien accepter même le plus faible début. L'Écriture nous dit que si nous avons une foi aussi petite qu'une graine de moutarde, rien n'est impossible. Quand nous avons planté la semence de notre bonne volonté, il nous faut protéger les petits germes de résultats positifs. Nous ne voulons pas que les mauvaises herbes de la volonté personnelle envahissent notre nouveau jardin. Ces petites semences de bonne volonté répondent rapidement à nos bons soins.

Et ne vous modelez pas sur le monde présent, mais que le renouvellement de votre jugement vous transforme

et vous fasse discerner quelle est la volonté de Dieu, ce
qui est bon, ce qui lui plaît, ce qui est parfait.
(Rm 12, 2)

• • •

Quand notre esprit va des choses "de ce monde" aux choses
"de Dieu", notre transformation commence.

Notre aptitude à parler à Dieu est une partie importante
de la Sixième Étape. Nous avons besoin de communiquer
avec lui d'une façon qui montre notre humilité et qui invite
Son intervention. Quand nous disons : « Seigneur, je veux
être plus patient », nous imposons une exigence et disons à
Dieu ce que nous voulons. Quand nous disons : « Seigneur, je
suis impatient », nous présentons la vérité à notre sujet.
Quand nous prions ainsi, nous faisons preuve d'humilité,
nous nous débarrassons de notre orgueil et nous demandons
à Dieu d'agir en notre faveur.*

Humiliez-vous devant le Seigneur et il vous élèvera.
(Jc 4, 10)

• • •

Nous montrons notre humilité en laissant Dieu nous gui-
der vers notre guérison. Notre ligne de conduite doit être Sa
voie et non la nôtre.

Si l'un de vous manque de sagesse, qu'il la demande à
Dieu — il donne à tous généreusement sans récriminer
— et elle lui sera donnée. Mais qu'il demande avec foi,
sans hésitation, car celui qui hésite ressemble au flot
de la mer que le vent soulève et agite. (Jc 1, 5-6)

• • •

---

*   Suggestion utile : Lire "Prayers of Petition" et "Prayers of
    Declaration", aux chapitres 2 et 3, p. 35-65, *Prayers for The Twelve
    Steps – A Spiritual Journey (op. cit.).*

Nos doutes sont vaincus par notre foi grandissante en ce que nous savons être vrai — que Dieu, notre Père céleste, ne nous abandonnera jamais.

Cette Étape requiert que nous examinions les faiblesses que nous demanderons à Dieu de supprimer. Il se peut que nous ne voulions pas abandonner certaines d'entre elles. Elles peuvent nous sembler utiles, alors nous répondons : « Je ne peux pas abandonner... encore. » Il se peut que nous ayons un problème si nous disons : « Je ne serai jamais différent de ce que je suis et ne céderai jamais. » Ces attitudes ferment notre esprit aux grâces rédemptrices de Dieu et peuvent contribuer encore plus à notre destruction. Si nous répondons ainsi à tout comportement, nous avons besoin d'avouer à Dieu nos doutes et nos luttes et de demander Son aide pour s'abandonner à Sa volonté.

Rêves brisés

Comme les enfants, tout en larmes,
nous apportent leurs jouets brisés
pour que nous les réparions,
j'ai apporté mes rêves brisés à Dieu
parce qu'Il était mon ami.
Mais alors, au lieu de Le laisser seul,
pour qu'Il travaille en paix,
je restai là et
j'essayai d'aider avec mes propres idées.
À la fin, je repris mes jouets et dis :
« Comment peux-Tu être si lent? »
« Mon enfant » dit-Il
« Qu'est-ce que Je pouvais faire?
Tu n'as jamais lâché prise. »

– AUTEUR ANONYME

> **Mais le Seigneur est fidèle : il vous affermira et vous gardera du Mauvais.** (2 Th 3, 3)
>
> • • •
>
> *Le chaos et la confusion peuvent survenir quand nous faisons l'expérience de changements dans notre vie. Quand nous commencerons à nous fier à la présence de Dieu en nous, nos sentiments de paix et de sécurité surmonteront notre inquiétude.*

À mesure que nous suivons les principes du programme dans notre vie quotidienne, nous nous préparons peu à peu et de façon inconsciente à voir s'effacer nos faiblesses. Parfois, nous n'avons même pas conscience de notre empressement à voir disparaître nos défauts. Tout d'abord, nous nous rendons compte que nous agissons différemment — que nous avons changé. Parfois, d'autres remarquent les changements avant que nous en soyons nous-mêmes conscients. Ceux qui recherchaient l'approbation commencent à agir de façon plus indépendante; les dépendants du contrôle sont plus à l'aise et plus détendus; ceux qui étaient trop empressés à prendre soin des autres deviennent plus sensibles à leurs propres besoins. Ceux qui suivent exactement le programme comme partie intégrante de leur vie deviennent plus calmes, plus sereins et vraiment heureux.

> **Et vous de même, considérez que vous êtes morts au péché et vivants à Dieu dans le Christ Jésus. Que le péché ne règne donc plus dans votre corps mortel de manière à vous plier à ses convoitises.** (Rm 6, 11-12)
>
> • • •
>
> *L'emprise de la tentation sur nous est brisée par notre empressement à laisser le Christ nous conduire à un comportement sain.*[*]

---

[*]   Suggestion utile : Lire la note de recouvrance sur le texte de Romains 6, 12-14, p. 1236, *Life Recovery Bible (op. cit.).*

Une personne rayonnante et confiante vit en chacun de nous, cachée derrière un nuage de confusion et d'incertitude, affolée par un comportement inefficace. Plus nous suivons le programme et nous nous comprenons, plus nous sentons le poids et le fardeau de nos comportements contradictoires, et plus nous désirons ardemment changer. Si quelqu'un nous demandait si nous voulons être libérés de nos défauts de caractère, nous ne donnerions qu'une seule réponse — nous sommes tout à fait prêts à ce que Dieu les élimine.

De tout mon cœur c'est toi que je cherche, ne m'écarte pas de tes commandements. Dans mon cœur j'ai conservé tes promesses pour ne point faillir envers toi. Béni que tu es Yahvé, apprends-moi tes volontés! (Ps 119, 10-12)

• • •

Concentrer toute notre attention sur la Parole de Dieu nous permet de recevoir Son enseignement et d'accomplir Sa volonté.

Nous avons en Dieu cette assurance que, si nous demandons quelque chose selon sa volonté, il nous écoute. Et si nous savons qu'il nous écoute en tout ce que nous lui demandons, nous savons que nous possédons ce que nous lui avons demandé. (1 Jn 5, 14-15)

• • •

À mesure que nous nous rapprochons de Dieu dans notre esprit et dans notre vie, nous avons tôt confiance qu'Il entendra notre prière et qu'Il nous guérira.

Idées maîtresses

EMPRESSEMENT. La Sixième Étape est le temps de surmonter la crainte et d'acquérir l'empressement dont nous avons besoin pour aller vers notre recouvrance. Nous connaissons maintenant la vérité sur nous-mêmes et quels défauts doivent être supprimés. Dans la Sixième Étape, il nous faut l'empressement et la volonté de laisser Dieu nous changer. Cette Étape ressemble au saut en hauteur. Vous pouvez être vêtus pour sauter et connaître tout ce qui concerne le saut en hauteur. Vous pouvez même avoir pleine confiance dans les équipements et les officiels, mais vous ne sauterez pas tant que vous ne serez pas prêts. Et vous ne serez pas prêts tant que vous n'aurez pas surmonté votre crainte. Vos défauts font partie de vous. Ils vous ont aidé à survivre. La pensée de perdre quoi que ce soit, même les défauts qui vous font du tort, a tendance à créer chez vous la crainte.

DÉFAUTS DE CARACTÈRE. Nos défauts de caractère reçoivent de nombreux noms dans le programme. Ils sont appelés des faiblesses de caractère, des défauts, des anomalies, des comportements nuisibles, des aptitudes de survie, des traits négatifs, etc. Quel que soit le nom qu'on leur donne, la question est la même. Ces parties indésirables de nous-mêmes doivent être enlevées et remplacées par des traits qui plaisent à Dieu. Ces défauts de caractère ont débuté innocemment dans notre enfance. Ils furent nos moyens de survie. Nous avons appris à manipuler les gens de façon à voir nos besoins satisfaits, à mentir pour nous protéger et à dissimuler nos émotions pour nous défendre de souffrances intolérables. En résumé, nous avons appris comment survivre. Ces techniques de survie ont été des outils de contrôle. Ils ont été des moyens de diriger notre entourage, de minimiser nos menaces et de prendre soin de nous-mêmes. Finalement, ces aptitudes de protection s'effondrent. C'est à ce moment que nous nous rendons compte que Dieu est le seul suffisamment sage et compétent pour contrôler notre vie.

BONNE VOLONTÉ. La bonne volonté est un état d'esprit et d'émotions qui nous lance dans l'action. Nous pouvons avoir les meilleures intentions, mais tant que nous n'avons pas la volonté d'agir, nous n'agirons pas. Il y a aujourd'hui de nombreux célibataires qui désirent se marier, qui ont l'intention de se marier, et qui savent même qui marier, mais ils ne se marient pas parce qu'ils n'ont pas assez de volonté pour le faire. Dans la Sixième Étape, toutes nos bonnes intentions mijotent et se brassent jusqu'à ce que, avec l'aide de Dieu, nous soyons tout à fait prêts à changer et que nous ayons la ferme volonté de changer.

Septième Étape

Nous Lui avons humblement demandé de faire
disparaître nos déficiences.

• • •

Si nous confessons nos péchés, lui, fidèle et juste,
pardonnera nos péchés et nous purifiera de toute iniquité.
(1 Jn 1, 9)

Pour comprendre la Septième Étape

Quiconque a été gravement malade ou blessé sait ce que
signifie avoir besoin des autres. C'est sans doute humiliant de
se voir dans un lit de malade et incapable de se mouvoir ou
de prendre soin de soi. Même les besoins les plus simples
nécessitent le secours des autres. Quand nous arrivons à la
Septième Étape, nous nous rendons compte que nous sommes dans un lit de malade et le seul qui puisse répondre à nos
besoins est Dieu. Chaque pas que nous avons fait jusqu'ici a
renforcé le même thème : nous sommes incapables, mais
Dieu est capable. De sorte que, maintenant que nous gisons
impuissants et humiliés sur notre lit de malade, nous prions :
« Libère-moi de mes faiblesses. »

Mise en œuvre de la Septième Étape

La Septième Étape exige la prière. Nous franchissons cette Étape sur nos genoux. Notre condition, notre franchise et notre souffrance nous ont humiliés de sorte que maintenant nous devons ouvrir la bouche et prier. Nous sommes ici tentés de réciter une prière générale. Nous sommes tentés de demander à Dieu de tout enlever comme si c'était une transaction globale. Mais ce n'est pas ainsi que fonctionne le programme. Si nous avons été minutieux, notre inventaire de la Quatrième Étape a fait la liste de chacun de nos défauts de caractère séparément. Notre confession, à la Cinquième Étape, fut aussi faite article par article et plus tard nous ferons réparation individuellement. De sorte que maintenant la tâche de la Septième Étape consiste en une humble prière pour l'élimination de nos faiblesses — un défaut à la fois.

Préparation à la Septième Étape

Nous nous préparons à la Septième Étape en ne cachant rien à Dieu — sans le moindre rayon d'espoir dans notre habileté à contrôler. Nous nous préparons à la Septième Étape en nous assurant que nous avons surmonté la crainte d'abandonner nos défauts. Nous nous préparons à la Septième Étape en apprenant à nous rapprocher de Dieu, en étant à l'aise en présence de Dieu.

Prière pour la Septième Étape

Dieu Créateur,

J'accepte que Tu me possèdes entièrement, bon et mauvais. Je Te demande maintenant d'enlever de moi tout défaut de caractère qui empêche que je sois parfaitement utile à Toi ou à mes frères humains. Accorde-moi la force, au moment où je quitte ce lieu, d'accomplir Ta volonté.[*]

---

[*] Tirée de *Prayers for The Twelve Steps – A Spiritual Journey (op. cit.),* p. 20.

L'humilité est un thème qui revient constamment dans le programme Douze Étapes et qui forme l'idée centrale de la Septième Étape. En pratiquant l'humilité, nous recevons la grâce nécessaire pour suivre le programme et obtenir des résultats satisfaisants. Nous reconnaissons maintenant que la majeure partie de notre vie a été consacrée à satisfaire nos désirs égocentriques. Nous devons mettre de côté ces comportements orgueilleux qui ne contribuent aucunement à notre croissance morale, nous libérer de nos impuissances et nous rendre compte qu'une humble recherche de l'unique volonté de Dieu libérera notre esprit. La Septième Étape exige que nous soumettions notre volonté à Dieu afin de recevoir la sérénité nécessaire pour obtenir le bonheur que nous cherchons.

Nous grandissons dans la sagesse et la connaissance du Christ. Cette croissance vient non seulement parce que nous la cherchons, mais aussi de l'intuition que donne l'examen des souffrances de nos luttes passées. Nous acquérons du courage en entendant dire comment les autres font face aux défis de leur vie. À mesure que nous suivons les Étapes, nous nous rendons compte combien il importe de connaître la vérité sur notre passé. Bien que la souffrance que nous apporte cette réalité peut nous sembler insupportable, les intuitions qu'elle nous assure est le seul moyen de nous libérer.

La Sixième Étape nous a préparés à abandonner nos anciens comportements défectueux et nous a donné la liberté de cultiver de nouveaux et puissants comportements que Dieu veut que nous utilisions. Demander à Dieu de supprimer nos défauts est la vraie mesure de notre empressement à Lui remettre le contrôle de notre volonté. Pour ceux d'entre nous qui avons passé notre vie en croyant que nous étions autosuffisants, la remise de ce contrôle peut être une tâche extrêmement difficile. Sommes-nous sincèrement prêts à abandonner ces déceptions? S'il en est ainsi, alors nous pouvons demander à Dieu de nous aider à laisser tomber notre passé et à cultiver en nous la nouvelle vie.

La Septième Étape est une partie essentielle du processus de nettoyage et nous prépare à la prochaine phase de notre cheminement. Pendant les six premières Étapes, nous nous sommes rendu compte de nos problèmes, nous avons examiné franchement notre vie, nous avons révélé des aspects de nous-mêmes demeurés jusque-là cachés, et nous nous sommes préparés à changer nos attitudes et nos comportements. La Septième Étape nous donne l'occasion de nous tourner vers Dieu et de Lui demander de supprimer ces parties de notre caractère qui nous causent du trouble.

Avant d'entreprendre ce programme, nous évitions de nous regarder franchement et d'avouer l'étendue des comportements qui nous handicapaient. Méditer sur la vision de la présence du Christ dans notre vie focalisera notre attention sur une vie menée selon Son exemple et commencera à nous libérer de ce fardeau de "soi" qui nous handicape. Notre partenariat avec le Christ accroîtra notre souci de toute la famille humaine et mettra notre obsession de nous-mêmes dans sa perspective véritable. Nous reconnaîtrons enfin la personne que nous avons été, nous comprendrons qui nous sommes et nous pourrons entrevoir avec joie la personne que nous devenons.

Nous préparer à l'élimination de nos faiblesses exige l'empressement à travailler avec Dieu pour réviser et donner une nouvelle orientation à notre attention et à notre activité. Nos progrès seront retardés si nous persévérons dans nos comportements destructeurs. Nous devons toujours veiller et être attentifs afin que nos "anciens comportements" ne reviennent pas, et travailler avec diligence à les éliminer de notre vie. Il est sage d'être bon envers soi-même et de se rappeler qu'il a fallu longtemps pour prendre ces habitudes. Il ne serait pas réaliste de s'attendre à les voir disparaître du jour au lendemain.

En comptant sur Dieu pour qu'Il supprime nos faiblesses, nous ferions bien de nous rappeler que Dieu accorde Sa grâce directement par la prière et la méditation, et aussi par les autres. Dieu se sert souvent de forces extérieures pour corriger nos défauts. Membres du clergé, professeurs, médecins et thérapeutes peuvent tous être des instruments de la grâce de Dieu. Notre empressement à rechercher l'aide extérieure peut être une indication manifeste de notre volonté de changer. Ceux qui se préoccupent sans cesse peuvent demander à Dieu de les soulager de leurs soucis et, en même temps, ils peuvent chercher l'aide d'un conseiller pour les libérer de leur inquiétude. Ceux qui abusent des aliments ou des drogues peuvent chercher l'aide professionnelle pour obtenir le contrôle de leurs habitudes obsédantes. Il nous faut prier pour obtenir l'aide de Dieu en vue de supprimer nos faiblesses et avoir le courage de rechercher l'aide professionnelle appropriée quand nous savons que nous en avons besoin.

Consultons les Écritures

En suivant les diverses Étapes, nous avançons vers une vie plus heureuse et plus saine. Nous voyons combien les opportunités et les bénédictions que Dieu sème dans notre vie surpassent tout ce que nous aurions pu créer seuls. Ayant terminé les six premières Étapes, nous sommes conscients de la multitude de bienfaits qui nous sont disponibles. Cette reconnaissance nous pousse à remercier Dieu de Sa présence et nous donne la sécurité quand nous voyons notre vie s'améliorer.

Droiture et bonté que Yahvé, lui qui remet dans la voie les égarés, qui dirige les humbles dans la justice, qui enseigne aux malheureux sa voie. Tous les sentiers de Yahvé sont amour et vérité pour qui garde son alliance et ses préceptes. À cause de ton nom, Yahvé, pardonne mes torts, car ils sont grands. (Ps 25, 8-11)

• • •

*À mesure que nous suivons les Étapes et que nous sommes
instruits par les œuvres de Dieu, nous commençons à voir
les dons de la grâce de Dieu se manifester dans notre vie.*

La Septième Étape implique que nous demandons la suppression de toutes nos imperfections. Cependant, il sera plus
facile d'y parvenir si nous travaillons sur une d'elles à la fois,
nous attaquant tout d'abord aux plus faciles pour raffermir
notre confiance et notre vigueur. Si nous sommes patients,
Dieu verra à ce que nous réalisions notre objectif à un rythme
qui nous convient. Notre bonne volonté à accepter l'aide de
Dieu contribuera à édifier notre confiance en nous-mêmes et
en Dieu. Pour le moment, servez-vous de votre inventaire de
la Quatrième Étape comme guide de prières de la Septième
Étape. Souvenez-vous que la foi est nécessaire quand vous
demandez humblement à Dieu de corriger vos faiblesses.
Ayez foi que Dieu vous entend et désire vous répondre, quelles que soient vos émotions. Il se peut que vous ne ressentiez
pas de changement immédiat après votre prière. Ayez confiance, cependant, que Dieu a entendu votre requête et qu'Il
verra à la suppression de vos déficiences.

*N'entretenez aucun souci; mais en tout besoin recou-
rez à l'oraison et à la prière, pénétrées d'action de grâces, pour présenter vos requêtes à Dieu.* (Ph 4, 6)

• • •

*Par la prière et la méditation, nos inquiétudes sont soula-
gées et notre foi raffermie.*

Nous pouvons remarquer qu'après avoir demandé à
Dieu de nous libérer d'un comportement encombrant, il ne
semble pas disparaître. La colère ou le découragement
seraient compréhensibles mais contradictoires. Il est plus efficace de tendre la main et de demander à un ami en recouvrance le soutien de sa prière. Il est utile d'exprimer nos

sentiments négatifs à Dieu dans la prière, sachant qu'Il comprend. Quand les choses ne semblent pas se dérouler selon
notre échéancier, il peut également être avantageux de réciter
la Prière de la sérénité.*

Paradoxes de la prière

J'ai demandé à Dieu la force pour réussir;
je me suis affaibli
pour apprendre à obéir humblement...

J'ai demandé la santé
pour faire de plus grandes choses;
je devins infirme, pour faire de meilleures choses...

J'ai demandé la richesse afin d'être heureux;
je devins pauvre pour devenir sage...

J'ai demandé le pouvoir,
afin d'être loué par les hommes;
je suis devenu faible,
afin de ressentir le besoin de Dieu...

J'ai demandé toutes choses pour jouir de la vie;
j'ai reçu la vie pour jouir de toutes choses...

Je n'ai rien reçu de ce que j'avais demandé —
mais tout ce que j'avais désiré.

Presque malgré moi,
mes prières non exprimées furent exaucées.

Je suis le plus richement béni parmi tous.

© Universal Press Syndicate

---

*   Suggestion utile : Lire "Prayers of Complaint", chapitre 4, p. 67-
    75, *Prayers for The Twelve Steps – A Spiritual Journey (op. cit.).*

Si nous confessons nos péchés, lui, fidèle et juste, pardonnera nos péchés et nous purifiera de toute iniquité.
(1 Jn 1, 9)

• • •

La confession et le pardon nous libèrent de l'esclavage et des fardeaux de notre passé; toutes choses sont renouvelées.

Abandonner nos comportements négatifs, quelque destructeurs qu'ils soient, peut créer un sentiment de perte et exiger que nous nous permettions un temps de chagrin. Il est normal d'être affligé de la perte d'une chose que nous n'avons plus. Dans notre enfance, nous avons fait l'expérience de "choses" qui nous étaient prises soudainement, avant que nous ayons été prêts à nous en défaire. Maintenant, nous pouvons être trop sensibles et adhérer à des "choses" pour éviter la douleur de la perte. Pour ne pas éviter notre crainte de lâcher prise, ou ne pas en nier l'existence, nous pouvons nous tourner vers le Seigneur pour Lui demander le courage et Lui confier les conséquences de cette perte. C'est là une occasion de nous fier à notre amour et à notre confiance en Dieu pour qu'Il guérisse nos souvenirs, qu'Il répare les dommages et qu'Il nous rende notre intégrité.

Quiconque s'élèvera sera abaissé, et quiconque s'abaissera sera élevé. (Mt 23, 12)

• • •

Notre recouvrance sera plus complète si nous mettons de côté notre orgueilleuse volonté personnelle et si nous demandons humblement à Dieu de nous diriger. Un temps quotidien régulier pour la prière et la réflexion est particulièrement utile.[*]

---

[*]   Suggestion utile : Lire la méditation sur Matthieu 23, 12, p. 91, *Meditations for The Twelve Steps – A Spiritual Journey (op. cit.).*

Changer de comportement peut être temporairement inquiétant pour notre sentiment personnel. La crainte que l'on ressent quand on ne sait pas ce qui va advenir nous incline à répéter les actes antérieurs même s'ils sont destructeurs. Nous pouvons hésiter en nous sentant isolés et perdre notre sens d'appartenance. Notre foi et notre confiance dans nos relations avec Dieu manifesteront notre volonté de nous libérer de la crainte d'être égarés, effrayés ou abandonnés.

Il donne d'ailleurs une plus grande grâce suivant la parole de l'Écriture : « Dieu résiste aux orgueilleux, mais il donne sa grâce aux humbles. » Soumettez-vous donc à Dieu; résistez au diable et il fuira loin de vous. Approchez-vous de Dieu et il s'approchera de vous. Purifiez vos mains, pécheurs; sanctifiez vos cœurs, gens à l'âme partagée. (Jc 4, 6-8)

• • •

Se soumettre à Dieu veut dire chercher Sa présence, connaître Sa parole et travailler à Son œuvre.

À mesure que nous sentons nos faiblesses disparaître et notre vie devenir moins compliquée, nous devons avancer prudemment et nous garder de la tentation d'orgueil. Des changements subits de comportement peuvent survenir et surviennent en fait, mais nous ne pouvons pas les prévoir ni les diriger. Dieu entame les changements quand nous sommes prêts et nous ne pouvons pas dire que nous avons seuls éliminé nos défauts de caractère. Quand nous demandons humblement l'aide de Dieu dans notre vie, le changement devient la responsabilité de Dieu. Nous ne pouvons pas en prendre le crédit, mais nous pouvons rendre grâces.

Dieu, crée pour moi un cœur pur, restaure en ma poitrine un esprit ferme; ne me repousse pas loin de ta face, ne m'enlève pas ton esprit de sainteté. Rends-

moi la joie de ton salut, assure en moi un esprit magnanime. (Ps 51 12-14)

• • •

Dans les périodes de désespoir et de doute, nous pouvons nous sentir séparés de Dieu. Rester en paix et prier pour être guidés peut calmer notre esprit et renouveler notre confiance.

Certains comportements destructeurs qui demeurent après que nous aurons terminé la Septième Étape peuvent ne jamais disparaître, mais nous avons l'occasion de transformer ces aspects de notre caractère en traits positifs et apprendre à nous en servir de façon constructive. Les leaders peuvent garder encore la recherche du pouvoir, mais sans sentir le besoin de s'en servir mal à propos. Les amoureux peuvent garder une sensualité exceptionnelle, mais avec assez de sensibilité pour éviter de causer du chagrin à la personne qu'ils aiment. Ceux qui sont riches matériellement peuvent continuer à posséder de grands biens, mais ils mettront de côté leur avidité et leur esprit de possession. Avec l'aide de notre Seigneur, tous les aspects de notre vie personnelle peuvent être enrichissants. En continuant à pratiquer l'humilité et à accepter les outils que Dieu nous donne, nous en viendrons finalement à aspirer à une vie plus semblable à celle du Christ, partageant avec les autres l'amour que nous avons reçu. Mais rien de tout cela ne se produit en vertu de nos propres forces — c'est Dieu qui est à l'œuvre dans notre vie.

Humiliez-vous donc sous la puissante main de Dieu, pour qu'il vous élève au bon moment; de toute votre inquiétude, déchargez-vous sur lui, car il a soin de vous. (1 P 5, 6-7)

• • •

À mesure que notre crainte diminue et que nous acceptons les soins et le contrôle de Dieu, nous commençons à faire l'expérience de l'amour et de la joie dans notre vie.

Pour que le programme réussisse, nous devons suivre régulièrement les Étapes. Quand nous passons par des moments de lutte intérieure, nous pouvons dire simplement : « Ceci passera aussi »; « Je me soumets et je laisse Dieu agir »; « Je ne crains aucun mal »; « Je choisis de voir ce qu'il y a de bon dans cette expérience. » Ces affirmations servent à nous empêcher de revenir à nos comportements obsessionnels ou compulsifs. La dépression, la culpabilité et la colère peuvent être reconnues et comprises comme des réactions temporaires.

Pitié pour moi, Dieu, en ta bonté, en ta grande tendresse efface mon péché, lave-moi tout entier de mon mal et de ma faute purifie-moi. (Ps 51, 3-4)

•••

Quand la tentation et l'épreuve menacent la paix de notre esprit, nous appelons l'assistance de l'Esprit Saint.

Nous avons besoin de nous arrêter un instant pour noter notre engagement en vue de notre recouvrance. Remarquez comment la détermination nous a aidés à briser les liens de nos habitudes et de nos comportements malsains. Nous pouvons accepter les pensées et les sentiments spontanés qui nous viennent et voir qu'ils sont le résultat de nos rapports personnels avec Dieu. Nous apprenons que la direction que nous recevons de notre Seigneur est toujours à notre disposition. Tout ce qu'il suffit de faire, c'est d'écouter, de recevoir et d'agir sans crainte.[*]

Repentez-vous donc et convertissez-vous, afin que vos péchés soient effacés, et qu'ainsi le Seigneur fasse venir le temps du répit. (Ac 3, 19-20)

•••

---

[*]   Suggestion utile : Lire la Prière de la sérénité sur le texte de Luc 11, 37-44, p. 1113, *Life Recovery Bible (op. cit.).*

La Septième Étape nous a libérés de la culpabilité et de la honte qui ont marqué notre vie pendant si longtemps. Maintenant, nos jours de grâce sont arrivés.

Idées maîtresses

HUMILITÉ. Plusieurs d'entre nous qui sont dans une période de recouvrance ne comprennent pas ce qu'est l'humilité. Si nous sommes codépendants, nous pouvons, par erreur, penser que l'humilité consiste à travailler pour les autres et à nous mettre au second rang. Si nous sommes enclins à manipuler les gens, nous pouvons, par erreur, croire que les réussites du "pauvre moi" sont de l'humilité. Ou bien, nous pouvons croire que dire simplement "pardon" est un signe d'humilité. La vérité, c'est que nous ne savons pas ce qu'est la saine et parfaite humilité.

La véritable humilité biblique implique que nous nous voyions tels que Dieu nous voit. C'est nous mettre dans une bonne perspective à la lumière du dessein de Dieu. L'humilité qui convient se voit dans le Christ, qui s'est anéanti pour obéir à la volonté de Dieu, pour servir les autres et pour réaliser les desseins de Dieu sur Sa vie. Le Christ avait tous les droits d'aborder ce monde en toute supériorité, mais il vint plutôt comme un humble serviteur qui accomplissait la volonté de Dieu. Ainsi, nous pouvons imiter le Christ dans notre humilité si nous nous mettons sous le contrôle de Dieu et si nous nous soumettons à Sa volonté et à Ses desseins sur notre vie.

HUITIÈME ÉTAPE

Nous avons dressé une liste de toutes les personnes que nous avions lésées et consenti à leur faire amende honorable.

• • •

Ce que vous voulez que les hommes fassent pour vous, faites-le pour eux pareillement. (Lc 6, 31)

Pour comprendre la Huitième Étape

« Maman! Sarah me frappe! », criait Jean comme une sirène.

« Mais il m'a donné un coup de pied le premier », répondit Sarah pour se défendre.

« Mais elle a pris mon jouet. »

« Il ne devrait pas être si capricieux. » Et ainsi de suite.

Cela ne vous semble-t-il pas familier? Les enfants aiment à blâmer les autres de leurs troubles et ils détestent accepter toute responsabilité. Nous, adultes, pouvons parfois les contraindre d'accepter la responsabilité et les obliger à faire des excuses forcées. Mais ils ne décideront jamais de leur plein gré de dire : « Je regrette. J'ai mal agi. »

Dans la Huitième Étape, nous commençons à grandir. Nous commençons à faire ce que les gens mûrs spirituellement peuvent faire — prendre la responsabilité de nos actes sans considérer le tort qui nous est causé par les autres. Au cours de toutes ces Étapes, nous avons traité de ce qui nous concernait. La Quatrième Étape fut *notre* inventaire moral, celui de personne d'autre. Nos aveux de la Cinquième Étape étaient ceux de *nos* torts. Les faiblesses étaient *les nôtres*. Dans la Huitième Étape, nous continuons à nous observer. Mais cette fois, nous considérons les gens auxquels nos défauts de caractère ont fait du tort.

Mise en œuvre de la Huitième Étape

Nous suivons la Huitième Étape par une réflexion profonde. Avec l'aide de Dieu, nous nous rappelons les visages et les noms des gens auxquels nous avons causé des torts. Notre tâche consiste à écrire leurs noms et à réfléchir au cas de chacune de ces personnes attentivement. Il nous faut examiner nos rapports avec ces gens et voir comment nous leur avons causé du tort. Il nous sera avantageux d'être aussi minutieux que possible dans notre réflexion et nos remarques.

Préparation à la Huitième Étape

Nous nous préparons à la Huitième Étape en pratiquant l'humilité. La volonté d'être humbles met notre vie dans la perspective qui convient et nous met en harmonie avec les desseins et la volonté de Dieu sur notre vie. La Huitième Étape demande que nous reconnaissions notre part des torts que les autres ont subis.

Au point de vue pratique, nous nous préparons à la Huitième Étape en faisant place à la réflexion dans notre vie. Ce qui peut vouloir dire assister à une retraite ou réserver le temps nécessaire pour être tranquilles et pouvoir réfléchir sérieusement.

Prière pour la Huitième Étape

Puissance supérieure,

Je demande ton aide pour faire la liste de tous ceux auxquels j'ai fait du tort. Je me tiendrai responsable de mes
erreurs et je pardonnerai aux autres comme tu me pardonnes.
Accorde-moi la volonté de commencer mes réparations. Je
t'en supplie.*

Avant de suivre le programme Douze Étapes, plusieurs
parmi nous blâmaient leur père et leur mère, leurs parents et
leurs amis pour les troubles de leur vie. Nous tenions même
Dieu responsable. Dans la Huitième Étape, nous entamons le
processus de la libération de notre besoin de blâmer les autres
pour nos mésaventures et l'acceptation d'une entière responsabilité pour notre propre vie. Notre inventaire de la Quatrième Étape a montré que nos comportements inappropriés
ont fait du tort non seulement à nous, mais aussi à d'autres
qui étaient importants dans notre vie. Maintenant, nous
devons nous préparer à en accepter la pleine responsabilité et
à faire amende honorable.

Les sept premières Étapes nous ont aidés à nous focaliser
sur le pouvoir guérisseur de Jésus Christ. L'Esprit Saint a
entamé le processus de la mise en ordre de notre vie. Nous
avons reçu les outils qui nous ont permis d'examiner nos
expériences personnelles et de voir l'importance de laisser
tomber le passé. Nous étions libres de continuer notre croissance personnelle en faisant face à notre histoire et en la reje-

---

* Tirée de *Prayers for The Twelve Steps – A Spiritual Journey (op. cit.)*,
p. 22

tant derrière nous. Cette croissance dépend directement de notre aptitude à relire notre histoire, puis à nous en libérer. Comme des crustacés sur la coque d'un navire, nos mauvaises actions du passé peuvent nous empêcher de naviguer doucement vers une vie comblée de paix.

Le parcours des Huitième et Neuvième Étapes améliorera nos relations, à la fois avec nous-mêmes et avec les autres. Ces Étapes nous invitent aussi à quitter l'isolement et la solitude. Le facteur essentiel est ici notre volonté de faire amende honorable envers tous ceux auxquels nous avons causé du tort. À mesure que nous continuerons à accueillir la présence du Christ dans notre cœur, nous développerons de nouvelles ouvertures envers les autres. Ces ouvertures d'esprit et de cœur nous prépareront à affronter les réparations qui suivront. Dans la Huitième Étape, nous examinons chacun de nos méfaits passés et nous identifions les personnes concernées. Notre intention est de faire amende honorable et de guérir notre passé pour que Dieu puisse transformer le présent.

Une revue de l'inventaire de la Quatrième Étape nous aidera à déterminer ceux qui sont sur notre liste. La réparation est une tâche difficile — que nous effectuerons avec une habileté accrue, mais que nous ne terminerons jamais en réalité. De nouveau, des sentiments pénibles émergeront quand nous viendrons aux prises avec nos comportements passés. À mesure que nous reconnaîtrons les torts causés par nos actes, nous nous rendrons compte du grand soulagement qui nous attend quand nous ne ferons plus de tort ni à nous-mêmes, ni aux autres.

Pour plusieurs d'entre nous, il sera difficile d'admettre nos méfaits. Le modèle de notre vie a été de blâmer les autres et d'exiger réparation des torts qu'on nous causait. Quand nous nous considérons nous-mêmes, nous voyons que les réparations que nous réclamions en vain ne faisaient que soulever de nouveaux troubles. En insistant sur notre propre forme de justice, nous avons perdu l'aptitude à établir et à atteindre des objectifs positifs. Des cycles de haine et de sentiments hostiles furent créés, et nous avons focalisé notre attention hors de nos propres torts. Ces sentiments continueront à entraver notre croissance tant que nous continuerons à juger les autres et à nous concentrer sur leurs méfaits. Il n'y a pas de doute que les autres ont des faiblesses, mais notre tâche est ici de nous concentrer sur nos propres comportements.

Nous pardonner et pardonner aux autres nous aident à surmonter nos ressentiments. Dieu nous a déjà pardonné les actes mauvais qui nous séparaient de Lui. Cultiver l'aptitude à nous pardonner est un élément important de notre recouvrance continue. L'aptitude à pardonner aux autres est également essentielle. Les réparations sans pardon mènent à la malhonnêteté et ne font que compliquer davantage notre vie.

Pour réparer nos méfaits passés, nous devons vouloir les affronter en prenant note du tort que nous croyons avoir causé. En préparant la liste des personnes auxquelles nous avons causé du tort, il est préférable de fixer notre pensée sur l'idée de redresser les injustices. Bien que nos avances puissent être repoussées, notre désir est d'obéir à Dieu et d'assurer notre guérison. Les gens sur notre liste peuvent entretenir des sentiments amers à notre égard et s'opposer à nos efforts en vue d'une réparation. Ils peuvent entretenir de profondes rancunes et ne pas vouloir se réconcilier avec nous. De quelque manière que nous soyons reçus, nous devons vouloir aller de l'avant dans nos amendes honorables. Les amendes honorables que nous faisons sont principalement à notre propre avantage et non au profit de ceux envers qui nous avons été injustes.

Suivent trois principales catégories selon lesquelles nous avons pu causer des injustices et pour lesquelles nous devons vouloir faire amende honorable.

DOMMAGES MATÉRIELS. Actes qui ont affecté un individu de façon tangible (par exemple : dépenser ou emprunter avec extravagance; agir mesquinement; dépenser en vue d'acheter l'amitié ou l'amour; retenir l'argent pour son propre usage; faire des ententes légalement exécutoires et refuser de respecter l'engagement; poser des actes qui blessent ou font du tort à des gens ou à leur propriété).

DOMMAGES MORAUX. Comportement inconvenant au point de vue moral ou éthique, y compris des questions de droiture, de justice ou d'équité (par exemple : impliquer les autres dans nos méfaits; donner le mauvais exemple à des enfants, à des amis ou à quiconque compte sur nous pour recevoir des conseils; ne se préoccuper que des intérêts égoïstes sans se soucier des besoins des autres; oublier les anniversaires, les fêtes et autres occasions spéciales; être coupables d'infidélité conjugale; briser ses promesses; injurier quelqu'un; manquer de confiance; mentir).

DOMMAGES SPIRITUELS. "Fautes d'omission" en négligeant nos obligations envers Dieu, nous-mêmes, la famille ou la communauté (par exemple : ne faire aucun effort pour remplir ses obligations; ne montrer aucune reconnaissance à ceux qui nous ont aidés; négliger de prendre soin de sa santé, de se développer dans le domaine de l'éducation, de la récréation ou de la créativité; ne prêter aucune attention aux autres dans notre vie en ne leur prodiguant aucun encouragement).

Consultons les Écritures

La Huitième Étape entame le processus de guérison des rapports endommagés, par notre volonté de faire amende honorable pour nos méfaits passés. Nous pouvons effacer nos ressentiments et commencer à surmonter la culpabilité, la honte, la faible estime de soi que nos méfaits nous ont values. Nous pouvons laisser derrière nous notre grisaille, notre monde colérique et solitaire, et aller vers un brillant avenir en mettant en pratique notre nouvel empressement à redresser les torts que nous avons causés. Grâce à l'action de Dieu et en suivant les Étapes, nous avons les outils nécessaires pour échapper au naufrage passé et réparer nos relations brisées.

Mais Zachée, debout, dit au Seigneur : « Voici Seigneur, je vais donner la moitié de mes biens aux pauvres, et si j'ai extorqué quelque chose à quelqu'un, je lui rends le quadruple. » (Lc 19, 8)

• • •

*À mesure que nous identifions ceux auxquels nous avons fait du tort, nous devons aussi nous préparer à faire amende honorable.**

En tant que chrétiens, on nous a appris l'importance de nouer et d'entretenir des relations profondes et affectueuses. L'exemple du Christ nous montre combien Il a consacré Son ministère à aimer les gens et à les encourager à s'aimer les uns les autres. Le Christ a enseigné que, pour être réconciliés avec Dieu, nous devons nous réconcilier avec les êtres humains.

Bien-aimés, si Dieu nous a ainsi aimés, nous devons, nous aussi, nous aimer les uns les autres. Dieu, personne ne l'a jamais contemplé. Si nous nous aimons les uns les autres, Dieu demeure en nous, en nous son amour est accompli. (1 Jn 4, 11-12)

• • •

Notre volonté de faire amende honorable nous donne l'occasion de nous aimer les uns les autres et d'éprouver comment Dieu vit en nous.

Dans la Huitième Étape, nous nous préparons à continuer à travailler aux desseins de Dieu sur notre vie en nous déterminant à vouloir faire amende honorable. Une fois que nous avons fait la liste de ceux auxquels nous avons fait du tort, nous commençons à demander à Dieu la volonté néces-

---

* Suggestion utile : Lire la méditation sur Luc 19, 8, p. 100, *Meditations for The Twelve Steps – A Spiritual Journey (op. cit.).*

saire pour faire amende honorable. Avec l'aide de Dieu, nous pourrons étendre notre amour et notre acceptation aux personnes offensées.

Oui, si vous remettez aux hommes leurs manquements, votre Père céleste vous remettra aussi; mais si vous ne remettez pas aux hommes, votre Père non plus ne vous remettra pas vos manquements. (Mt 6, 14-15)

• • •

Ne pas accorder notre pardon entrave notre croissance spirituelle, et maintient notre culpabilité et notre honte.

Le pardon est une rue à double sens. Comme le dit le Christ dans le Notre Père : « Pardonne-nous nos offenses, comme nous pardonnons aussi à ceux qui nous ont offensés... » Il nous faut demander pardon à ceux que nous avons offensés. Et il nous faut pardonner à ceux qui nous ont offensés. Quand nous méditons sur notre Seigneur, nous voyons qu'il nous faut présenter l'autre joue, aimer nos ennemis et prier pour nos persécuteurs. C'est seulement ainsi que nous briserons le cycle de la haine et de la violence. Rien de cela n'est possible si nous comptons sur nos propres forces. Dieu sait combien nous luttons dans ce domaine et Il attend notre appel sincère pour Son aide.

Aussi es-tu sans excuse, qui que tu sois, toi qui juges. Car en jugeant autrui, tu juges contre toi-même : puisque tu fais de même, toi qui juges. (Rm 2, 1)

• • •

Juger les autres nous prive de la grâce de Dieu et nous condamne à subir les souffrances du passé.

Mais je vous le dis, à vous qui m'écoutez : Aimez vos ennemis, faites du bien à ceux qui vous haïssent, bénissez ceux qui vous maudissent, priez pour ceux qui vous diffament. À qui te frappe sur une joue, pré-

*sente encore l'autre; à qui t'enlève ton manteau, ne
refuse pas ta tunique. À quiconque te demande, donne,
et à qui t'enlève ton bien ne le réclame pas. Ce que
vous voulez que les hommes fassent pour vous, faites-
le pour eux pareillement.* (Lc 6, 27-31)

• • •

*Nous pourrons remarquer notre guérison quand nous vou-
drons rendre le bien pour le mal et que nous serons même
empressés de le faire.*

En rédigeant notre liste, nous devons examiner nos rapports avec les gens de notre famille et de notre communauté.
Si nous demandons à Dieu de nous aider, notre tâche sera
beaucoup plus facile. Nous pouvons Lui demander de nous
guider dans le choix des personnes avec lesquelles il nous
faudra communiquer. Si nous mettons notre orgueil de côté,
nous verrons que les pensées et les sentiments des autres ont
de la valeur. Il n'est pas nécessaire que nous soyons d'accord
avec qui que ce soit, ni que les autres soient d'accord avec
nous. Mais nous pouvons cesser de détester les gens pour ce
qu'ils pensent ou font. Nous pouvons cesser d'avoir du ressentiment contre eux parce que leurs vues sont différentes
des nôtres. Souvenez-vous que le Christ nous encourage à
aimer même nos ennemis et à ressembler ainsi à notre Père
céleste.

---

*Ne jugez pas, et vous ne serez pas jugés; ne condamnez
pas, et vous ne serez pas condamnés; remettez, et il
vous sera remis. Donnez, et l'on vous donnera; c'est
une bonne mesure, tassée, secouée, débordante, qu'on
versera dans votre sein; car de la mesure dont vous
mesurez on mesurera pour vous en retour.* (Lc 6, 37-38)

• • •

Recevoir le don de l'amour divin et le donner librement aux autres nous assure une vie abondante.*

Il nous sera parfois impossible de rencontrer directement les personnes mentionnées sur notre liste. Elles peuvent être mortes, séparées de nous ou elles pourront refuser de nous rencontrer. Quel que soit le cas, nous devons les inscrire sur notre liste. Quand nous ferons les amendes honorables dans la Neuvième Étape, nous verrons pourquoi les amendes honorables sont nécessaires même si on ne peut pas les faire directement. Être disposés à faire amende honorable nous libérera des sentiments hostiles et nous permettra de jouir de la sérénité et de la paix de l'esprit. En rédigeant notre liste de la Huitième Étape, nous ne devons exclure aucune partie, aucune période, aucune personne. Avec l'aide de Dieu, nous pouvons y inclure tout nom qui nous vient à l'esprit.

Montrez-vous au contraire bons et compatissants les uns pour les autres, vous pardonnant mutuellement, comme Dieu vous a pardonné dans le Christ. (Ep 4, 32)

• • •

La Huitième Étape implique la substitution de la compassion aux mauvais sentiments envers nous-mêmes et envers toute la famille humaine de Dieu.

En regardant les personnes que nous avons offensées, nous voyons combien nos défauts de caractère ont joué un rôle majeur dans le sabotage de notre vie et de nos relations. Ainsi,

- quand nous nous sommes fâchés, nous nous sommes souvent causés plus de tort à nous-mêmes qu'aux autres.

---

*   Suggestion utile : Lire "Prayers of Intercession", chapitre 9, pp. 115-125, *Prayers for The Twelve Steps – A Spiritual Journey* (*op. cit.*).

Il a pu en résulter des sentiments de dépression ou d'apitoiement sur soi.

- des problèmes financiers continus suite à nos actes irresponsables ont causé des difficultés avec notre famille et nos créditeurs.

- quand nous avons fait face à des problèmes au sujet desquels nous nous sentions coupables, nous avons déclamé contre les autres au lieu de nous regarder honnêtement nous-mêmes.

- frustrés par notre manque de contrôle, nous nous sommes comportés de façon agressive et nous avons intimidé ceux de notre entourage.

- à cause de notre comportement sexuel désordonné, une véritable intimité ne pouvait être atteinte ni maintenue.

- notre crainte d'être abandonnés détruisait nos relations parce que nous ne laissions pas les autres être eux-mêmes. Nous avons créé des dépendances et nous avons tenté de contrôler le comportement d'autres personnes en essayant de maintenir les rapports que nous voulions.

Mais c'est un devoir pour nous, les forts, de porter les faiblesses de ceux qui n'ont pas cette force et de ne point rechercher ce qui nous plaît. Que chacun d'entre nous plaise à son prochain pour le bien, en vue d'édifier. Car le Christ n'a pas recherché ce qui lui plaisait; mais comme il est écrit : « Les insultes de tes insulteurs sont tombées sur moi. » (Rm 15, 1-3)

• • •

À mesure qu'augmente notre force spirituelle, nous devenons les serviteurs volontaires de Dieu, prenant soin de notre prochain comme Dieu prend soin de nous.[*]

---

[*] Suggestion utile : Lire la note sur la recouvrance correspondant à Rm 15, 1-6, p. 1250, *Life Recovery Bible (op. cit.).*

Quand nous rédigeons la liste des gens en vue de l'amende honorable, nous devons nous concentrer sur nous-mêmes. Plusieurs parmi nous ont été victimes de douleurs qu'ils se sont infligées à eux-mêmes, parce que nous n'avions pas les aptitudes nécessaires pour prendre soin de nous-mêmes. Nous perdions notre temps et notre énergie à nous rendre disponibles à tous et nous nous sommes sacrifiés dans ce processus. Nous avons pu être notre pire ennemi et avons pu éprouver une culpabilité, une honte et des blâmes personnels excessifs. Prendre le temps de voir le mal que nous nous sommes infligés à nous-mêmes et être disposés à nous pardonner est essentiel à notre croissance continue.

Qu'as-tu à regarder la paille qui est dans l'œil de ton frère? Et la poutre qui est dans ton œil à toi, tu ne la remarques pas! Ou bien comment vas-tu dire à ton frère : « Laisse-moi ôter la paille de ton œil », et voilà que la poutre est dans ton œil! (Mt 7, 3-4)

• • •

Une honnête appréciation quotidienne de soi est nécessaire si nous voulons retrouver l'intégrité. Une appréciation vigilante de nos pensées et de nos habitudes doit devenir une routine.

Dans la Neuvième Étape, nous recherchons les gens que nous avons offensés pour faire amende honorable chaque fois qu'il est nécessaire. Pour le moment, tout ce qui est nécessaire, c'est d'en rédiger la liste et de décrire le comportement offensant. Les conséquences de nos actes ont pu causer aux autres des épreuves émotionnelles, financières ou physiques. Il faut que nous prenions autant de temps qu'il est nécessaire pour réfléchir sur notre liste et faire une recherche aussi approfondie que possible. Une parfaite honnêteté envers nous-mêmes est un élément majeur dans notre aptitude à faire amende honorable pour nos actions destructives passées. Pendant ce processus, le blâme des autres, les excuses personnelles et la rationalisation peuvent entraver notre aptitude à la franchise. Nous devons donc prêter une attention spéciale aux noms qui nous causent de la difficulté.

Et quand vous êtes debout en prière, si vous avez quelque chose contre quelqu'un, remettez-lui, afin que votre Père qui est aux cieux vous remette aussi vos offenses. (Mc 11, 25)

• • •

La promesse de Dieu de nous guérir ne peut pas se réaliser si nous refusons de laisser tomber notre colère et notre ressentiment. Notre réussite de la Huitième Étape dépend directement de notre volonté de pardonner.

Idées maîtresses

AMENDE HONORABLE. Dans le contexte du programme Douze Étapes, l'idée de l'amende honorable se définit largement ainsi : "réparer les dommages du passé". L'amende honorable peut être aussi simple qu'une présentation d'excuses ou bien aussi compliquée qu'une compensation pour une dette physique ou financière.

PARDON. Le pardon est un élément essentiel de la Huitième Étape. En parcourant cette Étape et en commençant à rédiger la liste des personnes que nous avons offensées, nous pensons aussitôt combien les autres nous ont offensés. Cette réaction peut être un mécanisme de défense — un moyen d'éviter d'admettre notre culpabilité. Peu importe pourquoi nous avons ce sentiment; ce qui importe, c'est que nous en disposions. Nous devons pardonner à ceux qui nous ont offensés — notre pardon, selon l'Écriture, en dépend.

Le pardon n'est pas une émotion. C'est une décision. Le pardon ne peut être réel qu'avec l'aide de Dieu. Dieu seul peut nous donner la grâce, le désir, l'aptitude de libérer ceux qui nous ont offensés. Laissés à nous-mêmes, nous laissons s'envenimer la rancune, l'amertume et le ressentiment.

LISTE DES AMENDES HONORABLES

Personne	Relation	Offense	Effets sur les autres	Effets sur moi
Jeanne	épouse	insultes en colère	crainte, colère	culpabilité, honte
Jean	compagnon de travail	propositions sexuelles	méfiance, honte	perte du respect de soi

NEUVIÈME ÉTAPE

Nous avons réparé nos torts directement envers
ces personnes partout où c'était possible,
sauf lorsqu'en ce faisant, nous pouvions leur nuire
ou faire tort à d'autres.

• • •

Quand donc tu présentes ton offrande à l'autel,
si là tu te souviens que ton frère a quelque chose contre toi,
laisse là ton offrande, devant l'autel, et va d'abord
te réconcilier avec ton frère; puis reviens, et alors
présente ton offrande. (Mt 5, 23-24)

Pour comprendre la Neuvième Étape

Les désastres naturels sont toujours des nouvelles passionnantes. Les tremblements de terre, les ouragans, les feux de forêts ou de buissons et les inondations captent notre attention. Mais nous voyons rarement le dur travail de reconstruction qui a lieu après le désastre. Les vies, les familles, les affaires et les communautés entières se rétablissent et se remettent à vivre.

La Neuvième Étape ressemble aux réparations et aux reconstructions qui ont lieu après un désastre. Par le processus des amendes honorables, nous commençons à corriger les avaries de notre passé. Dans la Huitième Étape, nous avons évalué les dommages et avons tiré des plans. Maintenant, dans la Neuvième Étape, nous passons à l'action.

Mise en œuvre de la Neuvième Étape

La mise en œuvre de la Neuvième Étape implique des contacts personnels avec ceux que nous avons offensés. Nous suivons la liste de la Huitième Étape, une personne à la fois. Nous abordons chacune avec amabilité, sensibilité et bienveillance. Dieu peut nous aider à trouver le meilleur moyen de faire les contacts. Certaines personnes exigeront des rencontres face à face, alors que nous pourrons traiter d'autres cas en changeant notre comportement. Quel que soit le cas, Dieu nous donne la sagesse et la direction dont nous avons besoin.

Préparation à la Neuvième Étape

Nous nous préparons à la Neuvième Étape en nous assurant que notre liste de la Huitième Étape est aussi complète que possible et en étant bien décidés à faire amende honorable. Comme nous prions pour chaque nom, Dieu nous accordera une intuition et une orientation spéciales. Il nous aidera aussi à vaincre la crainte et l'appréhension qui font surface.

Prière pour la Neuvième Étape

Puissance supérieure,

Je demande à Dieu la bonne attitude pour faire amende honorable, en veillant toujours à n'offenser personne dans le processus. Je demande ton orientation quand je dois faire des amendes honorables indirectes. Ce qui est essentiel, je continuerai à faire amende honorable en demeurant abstinent, en aidant les autres et en grandissant dans le domaine spirituel.[*]

---

[*]   Tirée de *Prayers for The Twelve Steps – A Spiritual Journey* (op. cit.), p. 24.

La Neuvième Étape termine le processus de pardon qui avait commencé à la Quatrième Étape et satisfait à nos exigences de réconciliation avec autrui. Dans cette Étape, nous enlevons les feuilles mortes de notre jardin — nous ratissons les vieilles habitudes et nous nous en débarrassons. Nous sommes prêts à affronter nos fautes, à admettre notre degré de culpabilité, à demander pardon et à accorder notre pardon aux autres.

Depuis que nous avons commencé notre recouvrance, nous avons parcouru une longue route et avons adopté un nouveau style de vie. Nous avons vu combien l'impuissance et l'impossibilité où nous étions de diriger notre vie ont causé de ruines. Notre engagement à faire face à nos défauts de caractère, à les avouer à d'autres et enfin à demander à Dieu de les supprimer a été une expérience qui nous a appris l'humilité. Dans les Huitième et Neuvième Étapes, nous abordons les phases finales de coopération avec Dieu dans la restructuration de notre caractère.

Les qualités qui nous sont nécessaires pour parcourir la Neuvième Étape sont disponibles auprès de Dieu. Il peut nous donner le jugement et un sens affiné de l'opportunité de même que le courage et la résistance dont nous avons besoin. À mesure que notre courage augmente, il deviendra plus facile et plus sécuritaire de parler franchement de notre comportement passé et d'avouer aux autres que nous leur avons causé du tort.

Faire amende honorable nous libère de beaucoup de ressentiments au sujet de notre passé. Nous acquérons la sérénité dans notre vie quand nous recherchons le pardon de ceux que nous avons offensés et quand nous faisons les réparations qui s'imposent. Sans pardon, les ressentiments continueront à entraver notre croissance. Faire amende honorable nous libère de la culpabilité, et favorise la liberté et la santé de l'esprit et du corps.

Dans notre vie, certaines gens nourrissent des sentiments d'amertume à notre égard. D'autres se sentent menacés par nous et se méfient de notre changement de comportement.

Nous pouvons prier pour ces gens et demander que la sagesse de Dieu nous soit connue. Dieu nous accorde le discernement nécessaire pour trouver le moment opportun et le moyen approprié de rencontrer ces gens directement.

Si nous voulons nous pardonner entièrement, nous devons tout d'abord reconnaître les souffrances que les autres ont endurées par suite de nos actes. Nous pouvons seulement demander à Dieu de préparer leurs cœurs à recevoir nos amendes honorables.

La Neuvième Étape présente quelques pierres d'achoppement. Nous pouvons différer en nous disant : « il n'est pas encore temps ». Nous pouvons différer en trouvant des excuses pour éviter de faire face à ceux que nous avons offensés. Nous devons être honnêtes envers nous-mêmes et ne pas différer par crainte. Le courage est un élément important pour terminer cette Étape avec succès. L'esprit même de la Neuvième Étape réside dans notre volonté d'accepter les conséquences de notre passé.

Une autre tactique pour différer est la tentation d'oublier le passé. Nous décidons que le passé est derrière nous, qu'il n'y a aucune nécessité de susciter plus de troubles. Nous nous imaginons que les amendes honorables pour les méfaits passés ne sont pas nécessaires, que tout ce que nous avons à faire est de modifier notre comportement actuel. Il est vrai qu'il vaut mieux laisser certains comportements du passé tomber dans l'oubli sans confrontation directe. Le soutien des autres pendant cette phase de notre cheminement nous permet de faire face aux gens et aux problèmes mentionnés sur notre liste d'amendes honorables. Notre vie améliorée et comblée de paix et de sérénité est étroitement liée à notre courage pour affronter les craintes et les ressentiments du passé.

Consultons les Écritures

Pour parcourir la Neuvième Étape jusqu'au bout, nous devons revoir notre liste de la Huitième Étape et trouver la

meilleure méthode pour faire chacune des amendes honorables. La plupart des situations exigeront un contact direct,
bien que certaines puissent se faire simplement en changeant
notre comportement. Quelle que soit la méthode que nous
choisissions, il importe que le processus des amendes honorables se fasse de façon complète. Aussi longtemps que nous
le voulons, Dieu orientera notre processus d'amendes honorables.

---

*Quant à nous, aimons, puisque lui nous a aimés le
premier. Si quelqu'un dit : « J'aime Dieu » et qu'il
déteste son frère, c'est un menteur : celui qui n'aime
pas son frère, qu'il voit, ne saurait aimer le Dieu qu'il
ne voit pas.* (1 Jn 4, 19-20)

• • •

*Si nous aimons Dieu, nous ne pouvons pas détester quoi
que ce soit de Sa création. Nous manifestons un certain
degré de notre amour pour Dieu quand nous donnons cet
amour aux autres.* [*]

La Neuvième Étape contient deux parties distinctes concernant les amendes honorables.

« Nous avons réparé nos torts directement envers ces personnes partout où c'était possible »

*Nous faisons amende honorable directement aux gens qui sont
facilement accessibles et que nous pouvons approcher quand nous
sommes prêts.* Ces gens peuvent comprendre des membres de
la famille, des créditeurs, des compagnons de travail et
d'autres à qui nous devons faire amende honorable. Ils peuvent être des amis ou des ennemis. Comme élément important de l'amende honorable, nous devons essayer, autant que
nous en sommes capables, de corriger le tort qui leur a été

---

[*]   Suggestion utile : Lire les pensées religieuses de la Neuvième
        Étape dans "Making Peace" selon Mt 5, 23-25, p. 1011, *Life
        Recovery Bible (op. cit.).*

fait. Nous pouvons être surpris de la réponse de cette personne, surtout si notre amende honorable est acceptée. Nous pouvons nous demander pourquoi nous avons attendu si longtemps pour résoudre le conflit. Il est toujours agréable de faire une rencontre positive, qui guérit les plaies, mais notre amende honorable est indépendante de la réponse de l'autre personne. Notre amende honorable peut être une réussite même si nous ne sommes pas bien accueillis.

Vous avez entendu qu'il a été dit : « Tu aimeras ton prochain » et tu haïras ton ennemi. Eh bien! moi je vous dis : « Aimez vos ennemis, et priez pour vos persécuteurs. (Mt 5, 43-44)

• • •

Quand nous manifestons de l'amour à nos ennemis, nous diminuons leur pouvoir sur nous et offrons le pardon de Dieu qu'Il nous a donné avec une si grande bienveillance.

Il y a des situations où nous ne pouvons pas avoir des contacts personnels directs. Il peut s'agir de gens qui ne sont plus accessibles ou qui sont décédés. En de tels cas, des amendes honorables indirectes peuvent satisfaire notre besoin de réconciliation. Ces amendes honorables peuvent se faire par des prières ou en écrivant une lettre, comme si nous communiquions avec la personne absente. Une autre manière de faire amende honorable à une telle personne est de demander à un ami intime de prendre la place de la personne inaccessible. Nous parlons alors à l'ami intime comme si nous parlions directement à l'autre personne. Nous pouvons aussi faire amende honorable en accomplissant une bonne action en faveur de quelqu'un que nous pouvons même ne pas connaître, mais qui a quelque rapport avec la personne que nous avons offensée.

Avant tout, conservez entre vous une grande charité, car la charité couvre une multitude de péchés. Prati-

quez l'hospitalité les uns envers les autres, sans mur-
murer. Chacun selon la grâce reçue, mettez-vous au
service les uns des autres, comme de bons intendants
d'une multiple grâce de Dieu. (1 Pi 4, 8-10)

• • •

Les gens qui sont nos compagnons dans un programme de
recouvrance offrent une excellente occasion de mieux com-
prendre ce que veut dire être le serviteur empressé de Dieu.

« *Sauf lorsqu'en ce faisant, nous pouvions leur nuire*
ou faire tort à d'autres. »

La Neuvième Étape traite aussi des personnes à qui nous ne
pouvons faire qu'une amende honorable partielle, parce qu'une
entière révélation pourrait leur nuire ou nuire à d'autres personnes.
Il peut s'agir de conjoints, d'anciens partenaires, d'anciens
associés en affaires ou d'amis. Il faut examiner le tort qu'ils
pourraient subir si nous faisions une révélation totale. Ce qui
peut arriver dans des cas d'infidélité conjugale. En de telles
situations, plusieurs pourraient subir des torts irréparables.
Même si on doit discuter de tels cas, il faut éviter de faire du
tort à des tierces personnes. L'amende honorable pour infidé-
lités conjugales peut se faire en témoignant une totale et sincère affection, et en donnant tous nos soins aux personnes
envers qui nous avons pris des engagements d'amour.

Quand donc tu présentes ton offrande à l'autel, si là tu
te souviens que ton frère a quelque chose contre toi,
laisse là ton offrande, devant l'autel, et va d'abord te
réconcilier avec ton frère; puis reviens, et alors pré-
sente ton offrande. (Mt 5, 23-24)

• • •

Au début du programme, il peut nous paraître impossible de
libérer notre vie des dommages causés par nos actes passés.
Néanmoins, nous nous sommes engagés à faire face à notre
résistance dans l'exécution de la volonté de Dieu.

Il peut y avoir des situations où l'amende honorable peut entraîner de sérieuses conséquences. Dans des cas où il s'agirait d'une perte possible d'emploi, d'emprisonnement ou de la séparation d'une famille, il nous faut peser soigneusement les conséquences. Si nous différons de faire amende honorable uniquement par crainte pour nous-mêmes ou pour d'autres, nous serons ceux qui en fin de compte en souffriront. Dans ces situations, nous pouvons avoir recours à une direction extérieure — à un conseiller, un membre du clergé, un ami intime — pour décider comment agir. Sinon, nous retardons notre propre croissance et demeurons dans une période de stagnation en ce qui concerne la construction d'une vie nouvelle et plus saine.

... s'il rend le gage, restitue ce qu'il a volé, observe les lois qui donnent la vie sans plus faire le mal : il vivra, il ne mourra pas. On ne se souviendra plus de tous les péchés qu'il a commis : il a observé le droit et la justice, il vivra. (Ez 33, 15-16)

• • •

Quel que soit le motif pour lequel nous prenons ce qui n'est pas à nous, le garder ne fait que prolonger notre esclavage à ces choses qui nous éloignent de la vérité.

Il y a des amendes honorables qui exigent un certain délai. Il est sage de demander conseil dans les cas où le délai s'impose. Il est rarement souhaitable d'aborder brusquement un individu qui souffre encore profondément des injustices que nous avons commises à son égard. Dans les cas où notre propre douleur est encore profondément enfouie, la patience pourrait être un choix sage. Il est important de choisir le moment opportun. Nos ultimes objectifs sont la croissance personnelle et la réconciliation. La témérité et une trop grande hâte pourraient ouvrir de nouvelles blessures et enrayer nos objectifs ultimes.

C'est pourquoi il faut vous réconforter mutuellement et vous édifier l'un l'autre, comme déjà vous le faites. (1 Th 5, 11)

• • •

Ne chercher que le bien mutuel, et en nous-mêmes, nous garde de toute pensée destructive qui pourrait compromettre nos relations.

Finissons-en donc avec ces jugements les uns sur les autres : jugez plutôt qu'il ne faut rien mettre devant votre frère qui le fasse buter ou tomber. (Rm 14, 13)

• • •

Juger les autres nous sépare d'eux et nous empêche de manifester les uns aux autres l'amour que Dieu ordonne.

Comme nous l'avons appris, certaines situations demandent un examen spécial. Nous n'avons aucunement l'intention de causer un tort supplémentaire pour satisfaire notre besoin de faire amende honorable. Il est préférable d'agir lentement et de faire totale amende honorable plutôt que de trop se hâter et de causer de nouveaux torts. En cela, Dieu peut être une source d'assistance et de réconfort. Il faut toujours nous rappeler que Sa présence est avec nous et continuera d'être avec nous pendant notre voyage. D'autres peuvent ne pas comprendre ou soutenir notre amende honorable, mais Dieu est toujours prêt à nous aider tout au long de ce processus. Dieu peut imprimer le sens de Sa présence dans notre cœur et dans notre esprit.

Au contraire, aimez vos ennemis, faites du bien et prêtez sans rien attendre en retour. Votre récompense alors sera grande, et vous serez les fils du Très-Haut, car il est bon, Lui, pour les ingrats et les méchants. (Lc 6, 35-36)

• • •

Nous recevons la grâce de Dieu sans avoir à la mériter. Nous devons offrir aux autres la bienveillance de la même manière, sans rien attendre en retour.

Pour vous aider à faire amende honorable, priez tout d'abord, puis rédigez la liste des personnes à contacter, ce que vous direz, comment vous le direz et quand vous le direz. Écrire des lettres et faire des appels téléphoniques sont des moyens acceptables de faire amende honorable si un contact face à face n'est pas possible. Parfois, une rencontre personnelle n'est pas l'approche désirable. Ce qui importe, c'est de faire amende honorable avant qu'il ne soit trop tard. Le succès de l'amende honorable améliorera nos relations avec ceux que nous avons blessés et favorisera de meilleurs rapports avec les autres.

N'ayez de dettes envers personne, sinon celle de l'amour mutuel. Car celui qui aime autrui a de ce fait accompli la loi. (Rm 13, 8)

• • •

Un examen minutieux de nos rapports avec les autres révélera parfois des dettes oubliées. Pour observer la loi de Dieu, il nous faut rendre ce que nous devons.[*]

En suivant cette Étape, nous devons faire la distinction entre des amendes honorables et des excuses. Les excuses sont convenables; toutefois, elles ne remplacent pas les amendes honorables. Un ouvrier peut s'excuser d'être en retard au travail, mais il ne peut pas faire amende honorable avant d'avoir corrigé son comportement. Il importe de s'excuser

[*] Suggestion utile : Lire la méditation se rapportant à Romains 13, 8, p. 122, *Meditations for The Twelve Steps – A Spiritual Journey* (op. cit.).

quand c'est nécessaire, mais il est plus important de s'engager à changer un comportement inacceptable.

Sans rendre à personne le mal pour le mal, ayez à cœur ce qui est bien devant tous les hommes, en paix avec tous si possible, autant qu'il dépend de vous. (Rm 12, 17-18

• • •

Chercher à se venger ne fait que perpétuer l'affliction et la frustration. Dieu demande que nous rendions le bien pour le mal.

Des rechutes émotionnelles ou spirituelles occasionnelles ne doivent pas nous surprendre et on doit y voir promptement. Sinon, elles entraveront notre aptitude à faire de justes amendes honorables. Quand ces rechutes arrivent, nous devons les accepter comme des signes que nous ne suivons pas le programme de manière efficace. Nous nous sommes peut-être détournés de Dieu en ne priant pas ou en ne lisant pas les Saintes Écritures tous les jours et nous avons besoin de revenir à la Troisième Étape. Il se peut que nous ayons enlevé quelque chose de notre inventaire et alors il nous faut revenir à la Quatrième Étape. Ou bien nous pouvons ne pas vouloir nous libérer d'un comportement contradictoire et nous devons revenir à la Sixième Étape.

N'accordez rien à l'esprit de parti, rien à la vaine gloire, mais que chacun, par humilité, estime les autres supérieurs à soi; ne recherchez pas chacun vos propres intérêts, mais plutôt que chacun songe à ceux des autres. (Ph 2, 3-4)

• • •

Quand nous faisons du tort à quelqu'un d'autre, nous nous faisons du tort à nous-mêmes. Notre programme de recouvrance rehausse notre propre estime et nous permet d'aimer

et d'évaluer les autres au-dessus de nous, et souvent de
rechercher leurs meilleurs intérêts avant les nôtres.

Les Huitième et Neuvième Étapes nous aident à réparer le passé. Par ces Étapes, nous prenons la responsabilité des torts que nous avons causés aux autres et nous faisons amende honorable où c'est nécessaire. Nous avons la chance de nous racheter des méfaits passés en faisant amende honorable, et nous pouvons alors entrevoir un avenir plus sain et plus enrichissant. Nous pouvons maintenant reconstruire notre estime personnelle, entretenir des relations paisibles avec nous-mêmes et avec les autres, et vivre en harmonie avec notre monde personnel propre et avec Dieu.[*]

Idées maîtresses

AMENDES HONORABLES DIRECTES. Les amendes honorables directes sont celles que nous faisons personnellement à quelqu'un à qui nous avons fait du tort. Nous prévoyons des rendez-vous ou nous décidons de nous rencontrer personnellement. Si la distance physique fait problème, nous pouvons les appeler au téléphone ou leur écrire une lettre. L'amende honorable consiste à échanger avec eux pour leur dire que nous suivons un programme qui exige que nous fassions des amendes honorables. Nous demandons la permission de leur rendre ce que nous leur devons; puis nous faisons les amendes honorables sans les blâmer et sans blâmer qui que ce soit d'autre. (Voir **Directives quant aux amendes honorables à autrui,** page 189.)

AMENDES HONORABLES INDIRECTES. Les amendes honorables indirectes sont des amendes honorables non personnelles que nous faisons à ceux que nous avons lésés. Elles comprennent les amendes honorables à quelqu'un qui est

---

[*]   Suggestion utile : Lire "Finish the Business", p. 24-25, *Prayers for the Twelve Steps – A Spiritual Journey (op. cit.).*

décédé, ou dont nous ne connaissons pas l'adresse, ou qui est inaccessible pour une autre raison. Nous pouvons faire des amendes honorables indirectes à ces gens par des lettres qui ne sont pas postées, par des prières à Dieu ou en posant un acte de bienveillance en faveur de quelqu'un d'autre, tel qu'à un membre de la famille de la personne que nous avons offensée.

AMENDES HONORABLES ENVERS SOI-MÊME. La personne que nous avons souvent offensée le plus, c'est nous. Le processus des amendes honorables ne serait pas complet si nous ne prenions pas le temps de redresser tous les torts envers nous. La meilleure façon de le faire, c'est d'écrire une lettre d'amende honorable à soi-même et de la lire assis devant un miroir. (Voir **Directives quant aux amendes honorables à soi-même,** page 191.)

Directives quant aux amendes honorables à autrui

Voici un résumé des idées et des procédures qui ont été utiles dans la préparation et la mise en œuvre des amendes honorables dans la Neuvième Étape. Pour être en harmonie avec la volonté de Dieu, demandez-Lui de vous donner la bonne attitude pour que vous soyez en mesure de faire ce qui suit.

Attitude

- Être disposé à aimer et à pardonner à vous-même et à la personne à qui amende honorable sera faite.

- Savoir ce que vous voulez dire et veiller à ne pas blâmer la personne avec laquelle vous communiquez.

- Prendre la responsabilité de ce que vous allez dire.

- Être disposé à subir les conséquences de ce processus.

- Résister au désir d'une réponse spécifique de la part de l'autre personne.

- Être disposé à confier à Dieu votre inquiétude.

Préparation

- Consacrer du temps à la prière et à la méditation.

- Différer l'amende honorable si vous êtes en colère ou bouleversé et poursuivre l'inventaire de la Quatrième Étape.

- Que cet inventaire soit simple. Les détails et les explications ne sont pas nécessaires.

- Se rappeler que l'amende honorable ne doit pas fixer l'attention sur la part de l'autre personne à propos de la situation.

- Exprimer votre désir ou demander la permission de faire amende honorable. Par exemple : Je suis impliqué dans un programme qui me demande de prendre conscience du tort que j'ai fait à d'autres et de prendre la pleine responsabilité de mes actes. J'aimerais vous faire amende honorable. Êtes-vous disposé à l'accepter?

Exemples de réparation

- « J'ai été _____ (épouvanté, atterré, je me suis senti abandonné, etc.) quand _____ est arrivé entre nous. Je vous demande pardon pour _____ (le tort que j'ai causé) et pour toute autre chose que j'ai pu faire dans le passé par pensées, paroles ou actions qui a pu vous léser. Je vous demande pardon et je vous assure de mon intention de changer de comportement et de vous montrer ma bonne volonté. »

- « Je veux vous faire amende honorable pour _____ . Pour tous les mots qui ont été dits par _____ (crainte, étourderie, etc.) et confusion, je demande votre pardon. Je prends l'engagement de vous aimer et de prendre soin de vous. »

Directives quant aux amendes honorables à soi-même

Voici quelques directives qui peuvent servir quand on fait amende honorable à soi-même.

Attitude

- Être disposé à s'aimer et à se pardonner.
- Savoir ce qu'on veut dire et prendre la responsabilité de ses actes.
- Entretenir des attentes raisonnables de soi.
- Être disposé à confier à Dieu son inquiétude.

Préparation

- Consacrer du temps à la prière et à la méditation.
- Différer l'amende honorable si on est en colère ou boule-versé.
- Que l'amende honorable soit simple. Les explications ne sont pas nécessaires.
- Se rappeler que l'amende honorable est pour soi et ne relève de personne d'autre.

Exemples de réparation

- « J'ai été _____ (épouvanté, atterré, je me suis senti aban-donné, etc.) quand _____ est arrivé. Je me pardonne _____ (le tort que je me suis causé) et toute autre chose que j'ai pu faire dans le passé par pensées, paroles ou actions qui a pu me causer du tort. »

- « Je veux me faire amende honorable pour _____ . Je me pardonne toutes les paroles que j'ai dites par _____ (crainte, étourderie, etc.) et confusion. »

DIXIÈME ÉTAPE

Nous avons poursuivi notre inventaire personnel et promptement admis nos torts dès que nous nous en sommes aperçus.

• • •

Ainsi donc, que celui qui se flatte d'être debout prenne garde de tomber. (1 Co 10, 12)

Pour comprendre la Dixième Étape

Quiconque a cultivé un jardin sait quels soins il faut pour le garder en bon état. Il faut enlever les pierres et les mauvaises herbes, enrichir le sol avec des fertilisants, le disposer pour qu'il retienne l'eau, planter des semences, l'arroser et le protéger contre les insectes. Il faut veiller sans cesse pour le débarrasser des mauvaises herbes, qui reprendraient vite possession du jardin si on les laissait faire. Le jardin appartenait auparavant aux mauvaises herbes et elles semblent toujours vouloir le reprendre.

Notre recouvrance ressemble à un jardin. Notre vie a déjà appartenu aux mauvaises herbes — nos comportements contradictoires — mais Dieu nous a aidés à cultiver un jardin dans notre vie. Il a arraché les mauvaises herbes et a fait croître de magnifiques choses à leur place. Dieu s'est servi des Étapes comme outils et nous a élevés à un niveau où les choses sont différentes. Nous commençons à voir la promesse de fruits, la promesse d'un changement permanent. Dans ce nouveau jardin, nous pouvons aussi voir le retour des mauvaises herbes. Elles ne meurent pas facilement. En fait, tant que nous vivrons, les mauvaises herbes — nos anciennes manières contradictoires — chercheront à reprendre possession de notre vie. Aussi, devons-nous être vigilants en suivant la Dixième Étape. Nous devons continuer à faire un inventaire personnel et à protéger notre jardin.

Mise en œuvre de la Dixième Étape

La Dixième Étape est en réalité un simple résumé de la Quatrième Étape à la Neuvième Étape. Nous faisons l'inventaire de notre vie et nous admettons ce que nous trouvons. Nous nous disposons à accepter que Dieu nous transforme, puis nous demandons humblement à Dieu d'éliminer nos défauts. Nous notons les dédommagements nécessaires et nous les effectuons. Le nouvel élément de la Dixième Étape est l'inventaire périodique. Il faut que nous réservions des moments réguliers pour l'inventaire personnel.

Préparation à la Dixième Étape

La meilleure façon de nous préparer à la Dixième Étape est de planifier les moments d'inventaire. Nous pouvons prévoir notre inventaire en réservant à cette fin une partie de notre temps quotidien de prière ou de rédaction de notre journal personnel. Un autre choix est d'y consacrer un certain temps à l'heure du repas ou avant le coucher. On peut préparer un inventaire plus complet en passant une fin de semaine, à chaque trimestre ou deux fois par année, dans un centre de retraite. Quel que soit l'intervalle de temps, l'essentiel est de faire un inventaire régulier.

Prière pour la Dixième Étape

Je demande de pouvoir continuer :

À croître en compréhension et en efficacité;
À faire tous les jours des inventaires spontanés
   de moi-même;
À corriger mes erreurs quand je les commets;
À assumer la responsabilité de mes actes;
À être toujours conscient de mes attitudes et de
   mes comportements négatifs et contradictoires;
À demeurer toujours disposé à bien agir;
À toujours me rappeler que j'ai besoin de ton aide;
À prendre pour règle l'amour et la tolérance des autres; et
À continuer, dans une prière quotidienne, à voir comment
   je peux mieux te servir, ma Puissance supérieure.[*]

———

Dans la Dixième Étape, nous commençons la partie des Étapes concernant l'entretien. Nous apprendrons à consolider ce que nous avons accompli, à devenir plus confiants et à poursuivre avec joie notre voyage spirituel. Les neuf premières Étapes ont mis notre maison en ordre et nous ont permis de changer quelques-uns de nos comportements destructeurs. Ce cheminement demande que nous continuions à compter sur l'Esprit Saint de Dieu et sur l'inspiration de sa Parole. Notre travail commence à porter fruit quand nous augmentons nos aptitudes à acquérir et à développer des manières nouvelles et plus saines de prendre soin de nous-mêmes et de communiquer avec les autres.

———

[*] Tirée de *Prayers for The Twelve Steps – A Spiritual Journey (op. cit.)*, p. 26.

Quelques-uns parmi nous peuvent se demander si la paix et la sérénité que nous goûtons maintenant dans notre vie sont permanentes ou seulement temporaires. La mise en œuvre des Étapes nous a aidés à voir combien nous sommes fragiles et vulnérables. Mais par la pratique quotidienne des Étapes et grâce à la présence aimante du Christ dans notre vie, nous pourrons acquérir et maintenir l'équilibre que nous avons nouvellement trouvé. Notre aptitude à communiquer avec les autres s'améliorera et nous verrons combien nos relations avec les autres acquerront une nouvelle qualité.

À ce moment, nous pouvons être tentés de revenir à notre ancienne témérité et croire que nous sommes guéris. Nous pouvons penser que nous avons toutes les réponses et que nous pouvons arrêter là. Nous nous sentons à l'aise et nous ne voyons aucune nécessité de poursuivre le programme. Nous laissons intervenir d'autres activités et nous trouvons des excuses pour manquer des réunions et abandonner le programme. Nous devons résister à cette tentation de quitter et nous rendre compte que céder nous empêchera d'atteindre l'objectif que nous nous étions proposé. Notre succès ne peut pas se maintenir si nous ne sommes pas disposés à compter sur Dieu et à observer quotidiennement les principes des Étapes pendant le reste de notre vie.

La Dixième Étape indique la route vers une croissance spirituelle continue. Dans le passé, nous supportions les conséquences de notre manque d'attention à ce que nous faisions. Nous laissions les problèmes mineurs s'envenimer en les ignorant jusqu'à ce qu'ils se soient multipliés. Par notre manque de sensibilité et d'aptitudes à nous améliorer, nous laissions notre comportement inefficace accumuler les ruines dans notre vie. À la Dixième Étape, nous examinons avec minutie notre conduite de tous les jours et nous confessons nos torts où c'est nécessaire. Nous nous regardons, nous voyons nos erreurs, nous les admettons rapidement et nous recherchons l'assistance de Dieu pour les corriger. Pendant que nous travaillons avec tant de soin pour contrôler nos actions et nos réactions, nous ne devons pas nous juger trop sévèrement. Nous devons reconnaître que, pour nourrir notre vie émotionnelle et spirituelle, nous avons besoin d'une vigilance journalière, d'une affectueuse compréhension et de patience. La vie n'est jamais statique; elle change sans cesse, et chaque changement demande ajustement et croissance.

Un inventaire personnel, c'est un examen quotidien de nos forces et de nos faiblesses, de nos mobiles et de notre comportement. Il est aussi important que la prière et l'étude de la Bible pour alimenter notre croissance spirituelle continue. L'inventaire quotidien n'est pas une perte de temps et d'ailleurs il peut se faire en quinze minutes. Quand on le fait avec discipline et régularité, c'est là payer fort peu pour poursuivre le bon travail commencé.

Il importe de nous surveiller pour déceler des signes que nous retournons à nos vieilles habitudes. Nous pouvons peut-être essayer de diriger seul notre vie, ou glisser dans les anciens modes de ressentiment, de malhonnêteté ou d'égoïsme. Quand nous voyons surgir ces tentations, nous devons demander aussitôt à Dieu de nous pardonner, puis faire les amendes honorables nécessaires. La pratique quotidienne de la Dixième Étape maintiendra notre honnêteté et notre humilité, et nous permettra de continuer à croître.

En faisant des inventaires réguliers, nous devenons plus conscients de nos points forts et de nos points faibles. Nous sommes moins portés à céder aux sentiments de colère, de solitude et d'autosatisfaction quand nous sommes bien équilibrés au point de vue émotionnel, et quand nous savons que nous sommes responsables de nos attitudes et de nos comportements. Notre inventaire personnel nous aide à découvrir qui nous sommes, ce que nous sommes et où nous allons. Nous sommes mieux orientés et mieux préparés à vivre la vie chrétienne que nous désirons.

Consultons les Écritures

Le programme insiste sur un inventaire personnel régulier parce que plusieurs parmi nous n'ont pas encore trouvé les outils de base pour l'évaluation personnelle. Peu à peu, nous apprécierons la valeur de l'inventaire personnel. Bien que les inventaires de la Dixième Étape exigent du temps et de l'énergie, les résultats valent les efforts qu'on déploie. Trois genres d'inventaires sont recommandés; chacun vise un objectif particulier. *Ce sont l'inventaire spontané, l'inventaire quotidien et l'inventaire périodique à long terme.*

Où est l'homme qui désire la vie, épris de jours où voir le bonheur? Garde ta langue du mal, tes lèvres des paroles trompeuses; évite le mal, fais le bien, recherche la paix et poursuis-la. (Ps 34, 13-15)

• • •

*La mise en œuvre des Étapes nous forme à être sensibles à notre comportement et nous encourage à rechercher la volonté de Dieu sur nous. À mesure que nous y sommes plus entraînés, nous nous détournons naturellement du mal pour nous tourner vers Dieu.**

Inventaire spontané

Un inventaire spontané implique que nous nous arrêtions plusieurs fois par jour pour vérifier notre comportement et notre attitude. C'est une brève revue de nos actions, de nos pensées et de nos motifs. Cette revue peut être utile pour calmer des émotions orageuses et elle nous maintient en contact avec notre comportement. Elle donne la chance d'examiner les situations, de voir où nous avons tort et de poser des actes qui corrigent les bévues. L'inventaire fréquent et l'admission immédiate de nos torts nous libèrent de la culpabilité et soutiennent notre croissance spirituelle. C'est un bon

---

*   Suggestion utile : Lire "Prayers of Imprecation", chapitre 8, p. 105-113, *Prayers for The Twelve Steps – A Spiritual Journey (op. cit.).*

moyen de préserver notre vie de la colère, du ressentiment et du refus de pardonner.

Au nom de la grâce qui m'a été donnée, je le dis à tous et à chacun : ne vous surestimez pas plus qu'il ne faut vous estimer, mais gardez de vous une sage estime, chacun selon le degré de foi que Dieu lui a départi. (Rm 12, 3)

• • •

Notre honnête appréciation continue de nous-mêmes sera de plus en plus raffinée à mesure que plus de vérité nous sera révélée. Nous devons considérer chaque nouvelle découverte avec condescendance et croire que Dieu nous donnera la force en rapport avec nos besoins.

Inventaire quotidien

Il importe d'arrêter à la fin de chaque journée ou de commencer au lever du jour suivant pour revoir ce qui est arrivé. Ce qui nous rappelle que le programme se vit un jour à la fois et garde notre attention fixée sur le présent.

Hâte-toi de t'accorder avec ton adversaire, tant que tu es encore avec lui sur le chemin, de peur que l'adversaire ne te livre au juge, et le juge au garde, et qu'on ne te jette en prison. En vérité, je te le dis : tu ne sortiras pas de là, que tu n'aies rendu jusqu'au dernier sou. (Mt 5, 25-26)

• • •

Dans le passé, notre orgueil nous empêchait de faire des arrangements opportuns. Vivre dans la lumière de l'amour de Dieu nous aide à corriger nos méfaits et à pardonner les fautes des autres.

L'inventaire quotidien peut être vu comme un bilan pour la journée — un résumé du bien et du mal. C'est un bonne occasion de réfléchir sur notre interaction avec les autres et de revoir la façon dont nous avons répondu aux diverses situations qui se sont présentées pendant la journée. Dans les situations où nous avons bien agi, nous pouvons nous sentir à l'aise et reconnaître nos progrès. Dans les situations où nous avons essayé mais où nous avons failli, il faut reconnaître notre effort, car nous avons vraiment essayé. Nous pouvons alors réparer et avancer dans la paix de l'esprit. À mesure que nous mettons le programme en œuvre, nous pouvons être certains que le nombre de nos succès continuera à augmenter.

Dès lors, plus de mensonge : que chacun dise la vérité à son prochain; ne sommes-nous pas membres les uns des autres? Emportez-vous mais ne commettez pas de péché : que le soleil ne se couche pas sur votre colère; il ne faut pas donner prise au diable. Que celui qui volait ne vole plus; qu'il prenne plutôt la peine de travailler de ses mains, au point de pouvoir faire le bien en secourant les nécessiteux. (Ep 4, 25-28)

• • •

Différer de nous dégager des sentiments de colère peut causer des dommages physiques, émotionnels et spirituels. La grâce de Dieu suffit pour nous libérer de toute emprise négative.

D'autres cas peuvent survenir à l'avenir qui mettront au défi notre intégrité et notre engagement. Nous devons être aussi francs et précis que possible au sujet de nos intentions. Certains éléments doivent être examinés, tels que :

- si nous reculons et essayons de contrôler ou de manipuler les autres, nous devons le reconnaître et demander à Dieu d'y remédier.

- si nous nous comparons à d'autres et nous sentons inférieurs, il nous faut chercher l'assistance d'amis qui nous

soutiendront. Nous pourrons alors examiner franchement nos sentiments pour renouveler notre sens de
l'estime de soi.

- si nous avons des tendances obsessionnelles ou compul-
sives et que nous ne prenons pas soin de nous, il nous
faut arrêter et demander de l'aide à notre Puissance
supérieure. Nous devons décider quels désirs insatisfaits
nous essayons de combler et comprendre comment le
faire.

- si nous craignons ceux qui détiennent l'autorité, il nous
faut trouver la raison de cette crainte, la reconnaître et
demander l'aide de notre Puissance supérieure.

- si nous sommes déprimés, il nous faut découvrir le problème central qui fait que nous nous sentons mis de côté
ou que nous nous apitoyons sur nous-mêmes.

- si nous réprimons nos sentiments, nous devons prendre
les risques nécessaires et exprimer nos sentiments avec
assurance.

- si nous sommes inquiets, nous devons examiner pourquoi et prendre les mesures nécessaires pour résoudre le
problème.

---

*Qui écoute la Parole sans la mettre en pratique res-
semble à un homme qui observe sa physionomie dans
un miroir. Il s'observe, part, et oublie comment il
était. Celui, au contraire, qui se penche sur la Loi parfaite de liberté et s'y tient attaché, non pas en auditeur
oublieux, mais pour la mettre activement en pratique,
celui-là trouve son bonheur en la pratiquant.* (Jc 1, 23-
25)

• • •

*Le travail que nous faisons dans le programme Douze Éta-
pes fournit une structure dans laquelle nous pouvons nous
regarder avec franchise et accepter affectueusement celui
que nous sommes.* *

Inventaire périodique à long terme

Un inventaire périodique à long terme peut se faire en
étant seul ou en s'éloignant pour un certain temps. Certains
jours peuvent être réservés pour réfléchir sur notre vie. Nous
pouvons suivre une retraite, prendre de courtes vacances ou
simplement trouver un endroit de solitude. C'est un moment
important qui donne l'occasion de renouveler notre intention
de vivre une vie plus saine et plus épanouie.

**Si donc quelqu'un est dans le Christ, c'est une créature
nouvelle : l'être ancien est disparu, un être nouveau
est là.** (2 Co 5, 17)

• • •

*Le renouvellement de nos relations avec le Christ nous a
apporté une nouvelle vie. Grâce à Son amour pour nous,
notre progrès vers la recouvrance se maintiendra.*

Cet inventaire peut se faire une ou deux fois l'an et nous
donnera l'occasion, par une perspective plus claire, de réfléchir sur nos progrès. Nous aurons une bonne chance de noter
les changements remarquables que nous avons faits et de
renouveler notre espérance et notre courage. Nous devons
veiller à ne pas enfler notre ego et nous rappeler que nos progrès sont le fruit de l'aide divine et d'une croissance spirituelle bien dirigée.

---

*   Suggestion utile : Lire le texte de piété "Looking in the Mirror" de
     Jacques 1, 21-25, p. 1403, *Life Recovery Bible (op. cit.).*

Les inventaires à long terme nous aident à déceler les domaines de notre vie qui peuvent faire l'objet de problèmes et de modèles spéciaux. Ils nous permettent d'obtenir une perspective plus vaste de notre comportement et d'effectuer des modifications importantes. Nous découvrirons de nouveaux défauts aussi bien que des points forts nouveaux et nous aurons l'occasion d'évaluer nos rapports avec Dieu. Nous devons nous rappeler que ces relations avec notre Puissance supérieure sont la base de notre recouvrance. Notre engagement continu à remettre notre vie aux soins de Dieu est une partie essentielle de notre progrès constant dans le processus de recouvrance.

... à savoir qu'il vous faut abandonner votre premier genre de vie et dépouiller le vieil homme, qui va se corrompant au fil des convoitises décevantes, pour vous renouveler par une transformation spirituelle de votre jugement et revêtir l'Homme Nouveau, qui a été créé selon Dieu, dans la justice et la sainteté de la vérité. (Ep 4, 22-24)

• • •

Les Étapes nous rappellent à maintes reprises que Dieu est aux commandes et que notre nouvel état d'esprit se base sur ce que Dieu veut pour nous, plutôt que sur ce que nous voulons pour nous-mêmes.

Si nous voulons sincèrement changer notre style de vie, nous faisons régulièrement notre inventaire personnel et nous continuons nos interactions avec les autres en recouvrance. Ce qui nous rappelle que nous ne sommes pas seuls — que chacun se sent bouleversé de temps à autre et que personne n'a toujours "raison". En tenant compte de cette vérité, nous cultivons notre aptitude à pardonner et à comprendre. Si nous sommes aimables, courtois et justes, nous serons souvent traités de la même façon en retour et nous pouvons espérer créer l'harmonie dans beaucoup de nos rapports. À mesure que nous avançons vers la recouvrance, nous voyons comme il est vain de nous mettre en colère ou de permettre aux autres de nous causer des souffrances émotionnelles. Faire régulièrement des inventaires périodiques et admettre rapidement nos torts nous empêchent de nourrir des ressentiments et nous permettent de maintenir le respect de soi et le respect des autres.

L'homme lent à la colère est plein d'intelligence, qui a l'humeur prompte exalte la folie. Vie du corps : un cœur paisible; mais l'envie est carie des os. (Pr 14, 29-30

• • •

Une nature paisible nous rend bienveillants et stimule l'esprit et le cœur à rechercher une vie de qualité.

La mise en œuvre de la Dixième Étape offre de nombreux avantages; tout d'abord, elle garantit et protège notre recouvrance. Elle nous empêche de revenir à nos anciens comportements, tels que :

• corriger tout malaise par l'alcool ou les drogues.

• abuser de comportements compulsifs comme les excès dans la nourriture ou les achats.

• nous éclipser de la vie par l'isolement.

• nier nos besoins par le contrôle et la manipulation des autres.

• nous évader de la réalité par des fantaisies.

• calmer notre faible estime de soi en cherchant à plaire aux gens.

Ainsi donc, que celui qui se flatte d'être debout prenne garde de tomber. (1 Co 10, 12)

• • •

*En terminant la Dixième Étape, nous ne devons pas être
trop sûrs de notre recouvrance. Un retour au passé peut
mettre en danger notre engagement à faire la volonté de
Dieu.**

La mise en œuvre des Étapes est pour nous un moyen de
cultiver une discipline quotidienne qui approfondit notre
amour pour Dieu et nous rend aptes à avoir un sincère regret
de nos torts. Elle nous aide à poursuivre nos efforts dans
l'amélioration de nos rapports avec Dieu et avec le prochain.
Quand nous apprenons à affronter tous les jours nos défauts
et à les corriger, nous donnons à Dieu l'occasion de façonner
notre caractère et notre style de vie. Différer l'admission de
nos torts est signe de résistance à la mise en œuvre de la
Dixième Étape. Ce qui nous est nuisible et ne peut qu'aggra-
ver l'état actuel des choses.

La mise en œuvre de la Dixième Étape assure des fruits
abondants. Ainsi, elle nous permet :

• de restreindre les difficultés dans nos relations.

• d'admettre plus facilement nos torts et de ne plus prétendre que nous sommes sans défauts.

• de mieux comprendre les autres et de nous exprimer
  avec plus de franchise.

*Ainsi prenez garde à votre conduite; qu'elle soit celle
non d'insensés mais de sages, qui tirent bon parti de la
période présente, car nos temps sont mauvais.* (Ep 5,
15-16)

• • •

---

*   Suggestion utile : Lire la méditation sur 1 Corinthiens 10, 12,
    p. 136, *Meditations for The Twelve Steps – A Spiritual Journey*
    (*op. cit.*).

*Notre paix et notre sérénité seront renforcées par le travail
continu que nous faisons tout au long de cette Étape. Nous
savons maintenant que chaque journée nous donne une
nouvelle occasion de protéger et de soutenir activement
notre recouvrance continue.*

Idées maîtresses

INVENTAIRE PERSONNEL. L'inventaire personnel de la
Dixième Étape ressemble beaucoup à l'inventaire de la Quatrième Étape. La différence consiste dans la nature continue
et fréquente de l'inventaire de la Dixième Étape. L'idée de
"personnel" nous rappelle que le processus de l'inventaire se
rapporte à nous, non aux autres.

INVENTAIRE SPONTANÉ. L'inventaire spontané est le contrôle
de soi le plus fréquent. Par cet inventaire, nous contrôlons
nos actions pendant toute la journée. Nous pourrions choisir
des objets ou des heures de la journée comme rappels. Par
exemple, un point rouge sur le calendrier de notre bureau
pourrait nous rappeler de faire un rapide inventaire spontané. Ou bien, une prière collée à notre réfrigérateur pourrait
nous le rappeler.

INVENTAIRE QUOTIDIEN. Il faut mettre de côté un temps
opportun pour l'inventaire quotidien. Ce peut être quelques
minutes avant le coucher ou tôt le matin quand l'esprit est
clair. Il est préférable de se servir d'un journal personnel pour
cet inventaire quotidien. Il servira de rappel pour le progrès
que l'on fait — un jour à la fois.

INVENTAIRE PÉRIODIQUE À LONG TERME. L'inventaire périodique à long terme se fait après une période de temps plus
longue. Nous pouvons faire cet inventaire chaque trimestre,
deux fois l'an ou une seule fois par année — le temps réel
n'est pas important. L'idée est de se retirer de temps à autre
pour faire un inventaire complet qui porte sur de plus lon-

gues périodes de temps. Cet inventaire permet de voir les modèles et les périodes de notre vie. Si possible, il est utile de trouver quelque forme de retraite ou de solitude pour faire cet inventaire.

Directives importantes pour l'évaluation de la croissance personnelle

Les idées exposées dans ces directives ont pour but de vous aider dans l'évaluation de votre croissance personnelle. Elles comportent des sentiments et des comportements depuis l'exercice d'inventaire de la Quatrième Étape. Elles sont répétées pour vous donner l'occasion d'évaluer vos progrès dans ces domaines importants.

En faisant cet inventaire, choisissez des traits, des sentiments ou des comportements qui s'appliquent spécifiquement à vous. Ne les attaquez pas tous à la fois. Tirez parti d'événements récents et notez les paroles et les actions aussi exactement que possible. Ce processus vous permet d'évaluer votre croissance. Vous êtes le premier bénéficiaire de votre franchise et de l'intégralité de cet inventaire.

À la fin de chaque trait de caractère, de chaque sentiment ou de chaque comportement se trouve un exercice d'"autoé-valuation". Le même exercice a servi dans la Quatrième Étape. Il est ici répété comme nouvelle occasion de mesurer votre croissance.

• Recouvrance du ressentiment •

Nous nous sentons libérés du ressentiment quand nous commençons à comprendre que ceux qui nous ont maltraités étaient aussi malades spirituellement. Nous leur offrons la tolérance et le pardon que Dieu nous donne. Quand nous nous concentrons sur notre propre inventaire dans les Quatrième et Dixième Étapes, nous enlevons de notre esprit les torts des autres et nous fixons notre attention sur nos méfaits et non sur ceux des autres.

À mesure que nous nous guérissons du ressentiment, nous commençons à :

- sentir de la tolérance pour les autres
- fixer notre attention sur notre inventaire
- accepter le blâme

- pardonner à ceux qui nous ont fait du tort
- laisser tomber notre besoin de vengeance
- éprouver de la compassion pour les autres

Examinez des exemples spécifiques de votre comportement qui montrent que vous êtes en train de surmonter le ressentiment.

ÉVALUATION PERSONNELLE : Sur une échelle qui va de 1 à 10, à quel degré le ressentiment influence-t-il votre vie de façon négative? 1 indique qu'il exerce une faible influence négative. 10 indique qu'il exerce une forte influence négative. Encerclez le nombre qui vous représente aujourd'hui.

1	2	3	4	5	6	7	8	9	10

• Recouvrance de la crainte •

La crainte devient pour nous un problème de moins en moins marquant à mesure que grandit notre foi en Dieu. Nous notons nos craintes, l'une après l'autre, et voyons pourquoi elles nous dominent. Nous notons surtout les craintes qui viennent d'un manque de confiance en nous-mêmes. Dieu peut contrôler ce que nous ne pourrions pas. Notre foi nous donne le pouvoir de remédier à notre besoin de confiance en nous-mêmes et à la crainte qui l'accompagne.

À mesure que nous nous libérons de la crainte, nous commençons à :

- nous sentir moins menacés
- nous confier à Dieu
- nous sentir plus joyeux
- prier davantage
- accepter le changement
- affronter franchement notre crainte

Examinez des exemples spécifiques de votre comportement qui montrent que vous avez confiance en Dieu là où vous aviez autrefois de la crainte.

ÉVALUATION PERSONNELLE : Sur une échelle qui va de 1 à 10, à quel degré la crainte influence-t-elle votre vie de façon négative? 1 indique qu'elle exerce une faible influence négative. 10 indique qu'elle exerce une forte influence négative. Encerclez le nombre qui vous représente aujourd'hui.

1	2	3	4	5	6	7	8	9	10

• Recouvrance de la colère anormale •

Apprendre à exprimer notre colère de façon normale est une étape importante de notre recouvrance. Nous nous libérons ainsi d'un grand nombre d'émotions et nous hâtons notre guérison. L'expression de notre colère laisse voir aux autres nos limites et nous aide à être francs envers nous-mêmes. À mesure que nous apprenons à maintenir notre colère dans des limites normales, nous sommes plus à même de combattre notre propre hostilité de même que la colère des autres. Nos relations s'améliorent quand nous commençons à nous sentir à l'aise dans l'expression de nos sentiments. Les problèmes reliés au stress diminuent et nous nous sentons mieux, même au point de vue physique.

À mesure que nous nous guérissons de la colère anormale, nous commençons à :

- exprimer notre colère
- identifier nos peines
- faire des demandes raisonnables
- nous fixer des limites
- diminuer le stress et l'inquiétude
- jouir de la paix intérieure

Examinez des exemples spécifiques de votre comportement qui montrent que vous pouvez exprimer votre colère de façon saine.

ÉVALUATION PERSONNELLE : Sur une échelle qui va de 1 à 10...

1	2	3	4	5	6	7	8	9	10

• Recouvrance de la
recherche de l'approbation •

Quand nous commençons à nous fier à notre propre approbation et à celle de notre Puissance supérieure, nous comprenons qu'il est bien de désirer l'approbation, et nous apprenons à la demander et non à manipuler les autres en vue de l'obtenir. Nous acceptons les félicitations des autres et apprenons à dire simplement "merci", quand nous croyons que les compliments sont sincères. Nous disons "oui" quand c'est la réponse convenable. Nous sommes disposés à dire "non" lorsque "non" est la réponse appropriée.

À mesure que nous guérissons de la recherche anormale de l'approbation, nous commençons à :

- reconnaître nos propres besoins
- exprimer sincèrement nos sentiments
- être francs envers nous-mêmes
- édifier notre confiance

Examinez des exemples spécifiques de votre comportement qui montrent que vous sentez que vous guérissez de la recherche anormale de l'approbation.

ÉVALUATION PERSONNELLE : Sur une échelle qui va de 1 à 10...

1	2	3	4	5	6	7	8	9	10

• Recouvrance de la
préoccupation démesurée des autres •

Quand nous nous libérons du rôle de prise en charge universelle, nous prenons moins de responsabilité envers les
personnes et les choses, et nous permettons aux individus de
se tirer d'affaire seuls. Nous les remettons aux soins de leur
Puissance supérieure qui est leur meilleure source d'orientation, d'amour et de soutien. En nous libérant du fardeau de la
satisfaction des besoins de chacun, nous trouvons le temps de
cultiver notre propre personnalité. Notre obsession de la préoccupation des autres fait place à l'acceptation du fait qu'en
fin de compte nous n'avons aucun pouvoir sur la vie des
autres. Nous nous rendons compte que notre principale responsabilité dans la vie est celle de notre bien-être et de notre
bonheur personnels. Nous remettons les autres aux soins de
Dieu.

Quand nous nous libérons de la préoccupation des autres,
nous commençons à :

- cesser de sauver
  les autres
- prendre soin de
  nous-mêmes
- cultiver notre propre
  identité
- reconnaître les relations
  qui rendent dépendants

Examinez des exemples spécifiques de votre comporte-
ment qui montrent que vous diminuez votre rôle de prise
en charge universelle.

ÉVALUATION PERSONNELLE : Sur une échelle qui va de 1 à 10...

1	2	3	4	5	6	7	8	9	10

• Recouvrance du besoin de
contrôler les autres •

Quand nous prenons conscience que nous avons essayé de contrôler les personnes et les choses, nous commençons à nous rendre compte que nos efforts ont été inutiles. Nous n'avons rien contrôlé et n'avons contrôlé personne sinon nous-mêmes. Nous découvrons des moyens plus efficaces de satisfaire nos besoins quand nous commençons à accepter Dieu comme source de notre sécurité. Quand nous commencerons à remettre notre volonté et notre vie à Ses soins, nous éprouverons moins de stress et moins d'inquiétude. Nous serons plus en mesure de participer à des activités sans être avant tout préoccupés du résultat. Il est utile de réciter la Prière de la sérénité chaque fois que nous commençons à reconnaître la réapparition de notre besoin de contrôle.

À mesure que nous nous libérons du besoin de contrôle, nous commençons à :

- accepter le changement
- trouver le moyen de
  nous divertir
- accepter les autres tels
  qu'ils sont

- nous fier à nous-mêmes
- réduire le niveau de
  notre stress
- céder le pouvoir
  aux autres

Examinez des exemples spécifiques de votre comportement qui montrent que vous ressentez moins le besoin de tout contrôler.

ÉVALUATION PERSONNELLE : Sur une échelle qui va de 1 à 10...

1	2	3	4	5	6	7	8	9	10

• Recouvrance de la crainte de l'abandon •

Quand nous apprenons à compter davantage sur l'amour toujours présent de Dieu, notre confiance dans la vie et dans l'avenir augmente. Notre crainte de l'abandon diminue et fait place au sentiment que nous sommes des gens valables de plein droit. Nous recherchons des relations saines avec des gens qui aiment et prennent soin d'eux-mêmes. Nous nous sentons plus en sûreté en manifestant nos sentiments. Nous transférons sur Dieu notre ancienne dépendance des autres. Nous apprenons à comprendre et à accepter une vie fraternelle enrichissante et aimante au sein de notre communauté. Notre confiance en nous-mêmes grandit quand nous commençons à prendre conscience que, si Dieu est dans notre vie, nous ne serons jamais plus tout à fait seuls.

À mesure que diminue notre crainte de l'abandon, nous commençons à :

- examiner nos propres besoins dans nos relations avec les autres
- être à l'aise, même seuls
- être francs quant à nos sentiments
- réduire notre préoccupation des autres

Examinez des exemples spécifiques de votre comportement qui montrent que votre crainte de l'abandon diminue.

ÉVALUATION PERSONNELLE : Sur une échelle qui va de 1 à 10...

1	2	3	4	5	6	7	8	9	10

• Recouvrance de la peur
des représentants de l'autorité •

Quand nous commençons à nous sentir à l'aise avec les personnes qui détiennent l'autorité, nous apprenons à fixer notre attention sur nous-mêmes et à découvrir que nous n'avons rien à craindre. Nous reconnaissons que les autres sont comme nous, avec leurs craintes, leurs défenses et leurs insécurités. Le comportement des autres ne dicte plus ce que nous devons ressentir envers nous-mêmes. Nous commençons à agir et non plus à réagir en réponse aux autres. Nous reconnaissons que notre suprême autorité est Dieu et qu'Il est toujours avec nous.

À mesure que nous nous sentons à l'aise avec les personnes qui détiennent l'autorité, nous commençons à :

- agir avec une estime de soi grandissante
- avoir des contacts plus faciles avec les personnes qui détiennent l'autorité
- ressentir moins de crainte
- accepter une critique constructive
- défendre nos droits

Examinez des exemples spécifiques de votre comportement qui montrent que vous avez plus de confiance dans les gens qui détiennent l'autorité.

Évaluation personnelle : Sur une échelle qui va de 1 à 10...

1	2	3	4	5	6	7	8	9	10

• Recouvrance de sentiments figés •

Quand nous examinons nos sentiments et que nous apprenons à les exprimer, des choses étranges commencent à survenir. Les niveaux de notre stress baissent à mesure que nous sommes à même de nous exprimer franchement et que nous commençons à prendre conscience que nous sommes des gens valables. Nous apprenons que l'expression de nos vrais sentiments est la manière saine de communiquer et nous trouvons qu'un plus grand nombre de nos besoins sont satisfaits. Nous n'avons qu'à demander. Quand nous commençons à nous libérer de nos sentiments, nous éprouvons quelque difficulté. Mais à mesure que notre courage augmente, la difficulté cesse et nous éprouvons un sentiment de paix et de sérénité. Plus nous sommes disposés à prendre des risques pour nous libérer de nos émotions, plus notre recouvrance sera réelle.

À mesure que nous éprouvons et que nous exprimons nos sentiments, nous commençons à :

- nous sentir libres de pleurer
- nous sentir en meilleure santé
- faire l'expérience de notre véritable identité
- exprimer nos besoins aux autres

Examinez des exemples spécifiques de votre comportement qui montrent que vous prenez conscience de vos sentiments et que vous êtes capables de les exprimer plus facilement.

ÉVALUATION PERSONNELLE : Sur une échelle qui va de 1 à 10...

1	2	3	4	5	6	7	8	9	10

• Recouvrance de l'isolement •

Quand nous commençons à nous sentir mieux, nous nous sentons disposés à prendre des risques et à nous exposer à notre nouvel environnement. Nous cherchons des amis et des relations qui sont enrichissantes, sûres et qui soutiennent. Nous apprenons à participer à des activités de groupes et à nous y divertir. Il nous devient plus facile d'exprimer nos sentiments à mesure que nous acquérons une plus grande estime personnelle. Nous reconnaissons que les gens nous accepteront pour celui que nous sommes vraiment. Notre acceptation de nous-mêmes nous permet de jouir du don précieux d'une vie plus à l'aise et plus sereine.

À mesure que nous nous isolons de moins en moins souvenl, nous commençons à :

- nous accepter
  nous-mêmes
- entretenir des relations
  qui nous soutiennent

- exécuter des projets
- exprimer librement nos
  émotions
- participer activement
  avec les autres

Examinez des exemples spécifiques de votre comportement qui montrent que vous vous isolez moins souvent.

ÉVALUATION PERSONNELLE : Sur une échelle qui va de 1 à 10...

1	2	3	4	5	6	7	8	9	10

• Recouvrance de
la faible estime de soi •

Quand nous travaillons avec notre Puissance supérieure pour édifier note confiance en nous-mêmes et en nos aptitudes, notre estime personnelle croît. L'interaction avec les autres nous devient possible et nous nous acceptons tels que nous sommes réellement. Nous voyons nos points forts aussi bien que nos limites. Nous apprenons à nous accepter selon notre valeur personnelle. Nous sommes plus disposés à prendre des risques et nous nous rendons compte que nous pouvons effectuer bien des choses que nous n'aurions jamais rêvées possibles. Nous sommes plus à l'aise quand il s'agit de partager nos sentiments avec les autres. Nous nous sentons plus en sécurité à mesure que nous connaissons les autres et que nous leur permettons de nous connaître. Les relations deviennent plus saines parce que nous sommes capables de nous fier à nous-mêmes et de nous apprécier nous-mêmes. Nous n'avons plus besoin de compter sur les autres pour nous faire apprécier.

À mesure que croît notre estime de soi, nous commençons à :

- être plus confiants
- agir avec plus
  d'assurance
- échanger facilement
  avec les autres

- nous aimer
- exprimer ouvertement
  nos sentiments
- prendre des risques

Examinez des exemples spécifiques de votre comportement qui montrent que votre estime de soi grandit.

ÉVALUATION PERSONNELLE : Sur une échelle qui va de 1 à 10...

1	2	3	4	5	6	7	8	9	10

• Recouvrance d'un
sens surdéveloppé de responsabilité •

Accepter le fait que nous ne sommes pas responsables des actions et des sentiments des autres nous contraint à fixer notre attention sur nous-mêmes. Nous comprenons que nous ne pouvons pas contraindre les autres à changer et que les gens sont responsables d'eux-mêmes. Comme nous assumons la responsabilité de nos propres actions, nous prenons conscience que nous devons compter sur Dieu pour la direction et veiller à nos propres besoins. Alors nous trouverons le temps et l'énergie pour nous soutenir et nous développer.

À mesure que nous cessons d'être trop responsables des autres, nous commençons à :

- prendre soin de
  nous-mêmes
- jouir de temps libres
- accepter nos limites
- déléguer certaines
  responsabilités

Examinez des exemples spécifiques de votre comportement qui montrent que vous vous sentez moins responsables des autres.

Évaluation personnelle : Sur une échelle qui va de 1 à 10...

1	2	3	4	5	6	7	8	9	10

• Recouvrance de l'irresponsabilité •

Quand nous comprenons que Dieu nous aidera à atteindre des objectifs réalistes, nous commençons à travailler en association avec Dieu quant à notre avenir. Nous mettons moins de valeur sur les attentes des autres à notre sujet et une plus grande valeur sur nos propres désirs d'atteindre les buts de notre vie. Nous comprenons que nous sommes en concurrence uniquement avec nous-mêmes et que Dieu nous aidera à faire ce qui est nécessaire pour réussir notre vie. Dieu apporte de l'ordre dans notre vie quand nous en Lui cédons le contrôle et Il nous permet de contribuer à la vie de façon significative.

À mesure que nous guérissons de l'irresponsabilité, nous commençons à :

- respecter nos engagements
- nous fixer des objectifs
- accepter des responsabilités
- nous sentir mieux en ce qui nous concerne

Examinez des exemples spécifiques de votre comportement qui montrent que vous êtes moins irresponsables.

ÉVALUATION PERSONNELLE : Sur une échelle qui va de 1 à 10...

1	2	3	4	5	6	7	8	9	10

• Recouvrance de la sexualité réprimée •

Quand nous comptons sur l'amour fidèle de notre Seigneur, notre valeur personnelle augmente et nous nous estimons valables à Ses yeux et aux yeux des autres. À mesure que s'accroît notre amour envers nous-mêmes et notre aptitude à prendre soin de nous-mêmes, nous cherchons à être avec les gens qui s'aiment et prennent soin d'eux-mêmes. Nous craignons moins de nous engager et nous sommes mieux disposés à nouer de saines relations — au niveau émotionnel, intellectuel et sexuel. Nous nous sentons plus en sécurité en partageant nos sentiments, nos points forts et nos points faibles. Notre assurance croît et nous permet d'être vulnérables. Nous abandonnons le besoin de perfection en nous et chez les autres; ce faisant, nous nous ouvrons à la croissance et au changement. Nous sommes francs avec nos enfants quant à notre propre sexualité. Nous acceptons leur besoin d'information et leur besoin d'une saine identité sexuelle.

Quand nous acceptons notre sexualité, nous commençons à :

- parler de sexe ouvertement
- accepter notre être sexuel
- partager des sentiments intimes
- examiner nos propres besoins sexuels

Examinez des exemples spécifiques de votre comportement qui montrent que vous vous sentez à l'aise quant à votre sexualité.

ÉVALUATION PERSONNELLE : Sur une échelle qui va de 1 à 10...

1	2	3	4	5	6	7	8	9	10

ONZIÈME ÉTAPE

Nous avons cherché par la prière et la méditation à améliorer notre contact conscient avec Dieu, **tel que nous Le concevions,** *Lui demandant seulement de connaître Sa volonté à notre égard et de nous donner la force de l'exécuter.*

• • •

Que la Parole du Christ réside chez vous en abondance.
(Col 3, 16A)

Pour comprendre la Onzième Étape

Une communication franche est essentielle à de saines relations. Si les partenaires décident de ne pas se parler, leurs relations en souffriront en tout domaine et échoueront finalement. D'autre part, quand la communication existe, les relations sont renforcées et des relations rompues peuvent être guéries et restaurées.

Notre relation avec Dieu est notre plus importante relation. Et toute relation avec Dieu est impossible sans communication. Quand nous nous rapprochons de Dieu par la prière et la méditation, nous nous rapprochons d'une source de puissance, de sérénité, d'orientation et de guérison. Ignorer la communication avec Dieu, c'est débrancher notre source de pouvoir.

Mise en œuvre de la Onzième Étape

Nous suivons la Onzième Étape par la pratique de la prière et de la méditation. Dans la prière, nous parlons à Dieu et dans la méditation nous L'écoutons. Cependant, beaucoup parmi nous éprouvent des difficultés quant à la prière. Nous connaissons des prières, mais nous ne savons pas comment prier. La Onzième Étape est la communication avec Dieu. C'est le processus d'apprentissage de l'intimité et du pouvoir de la prière et de la méditation. C'est l'acte qui nous rapproche de Dieu.

Préparation à la Onzième Étape

Nous nous préparons à la Onzième Étape en prenant la prière et la méditation au sérieux. Il y a une tendance à reléguer la prière et la méditation au second plan, à les traiter toutes deux comme si elles n'étaient pas importantes. Il faut nous préparer à cette Étape en cultivant une grande estime pour la prière et la méditation. Si nous avons des difficultés sous ce rapport, nous pouvons demander conseil à un membre du clergé, parler à un membre expérimenté du programme ou chercher de l'aide et une certaine intuition de toute autre façon.

Prière pour la Onzième Étape

Puissance supérieure, comme je te conçois,

Je prie pour garder ma relation avec toi ouverte et libre de la confusion de la vie quotidienne. Par mes prières et mes méditations, je demande particulièrement la libération de toute volonté propre et de toute rationalisation, et de ne pas prendre mes désirs pour des réalités. Je prie pour obtenir l'orientation d'une pensée droite et d'une action positive. Que ta volonté soit faite, Puissance supérieure, et non la mienne.[*]

---

[*]   Tirée de *Prayers for The Twelve Steps — A Spiritual Journey (op. cit.)*, p. 28.

*L*es Dixième et Onzième Étapes sont les outils qui nous aident à nous fier plus entièrement à Dieu et à soutenir les progrès que nous avons faits de la Première Étape à la Neuvième Étape. Dans les trois premières Étapes, nous avons reconnu la gravité de notre état et nous avons déterminé comment nous comporter quant à nos problèmes. De la Quatrième Étape à la Neuvième Étape, nous avons fait l'expérience d'un processus semblable à celui de conduire notre voiture au garage pour une révision complète qui s'imposait depuis longtemps. Nous avons consacré l'énergie et le temps requis pour faire les réparations nécessaires et remettre le moteur en état de fonctionner normalement. Dans les Dixième et Onzième Étapes, nous avons l'occasion de nous garder en forme en donnant le temps voulu au fonctionnement régulier et à l'entretien. En continuant dans la même direction, nous apprenons à déceler les problèmes, à y remédier promptement et à rechercher sans cesse l'orientation de Dieu. Ce qui augmente notre capacité à améliorer nos nouvelles aptitudes à vivre notre vie en plénitude. Si nous assurons l'entretien nécessaire, nous verrons que notre vie s'écoulera paisiblement.

Avant la Onzième Étape, nous avons pris contact avec Dieu dans les Troisième, Cinquième et Septième Étapes. Dans la Troisième Étape, nous avons décidé de remettre à Ses soins notre volonté et notre vie. Dans la Cinquième Étape, nous Lui avons avoué nos torts. Dans la Septième Étape, nous Lui avons humblement demandé d'éliminer nos défauts. Et maintenant, dans la Onzième Étape, nous tirons parti de la prière et de la méditation pour améliorer notre contact conscient avec Dieu et pour devenir plus sensibles et plus dociles à Son orientation.

Grâce aux progrès que nous avons connus en suivant ces Étapes, nous savons davantage ce que nous voulons atteindre dans ce programme. Pour sauvegarder ce que nous avons appris, nous devons sans cesse chercher à connaître la volonté de Dieu sur nous. Un régime quotidien de prière et de méditation montre clairement que la libération des misères du passé est simplement un sursis de jour en jour. Nous devons toujours chercher à connaître la volonté de Dieu sur nous et comment nous devons mener notre vie. Ceux d'entre nous qui ont souffert l'enfer et le chaos causés par les agissements de notre volonté propre se sont rendu compte qu'ils ont adoré de faux dieux tels que les drogues, le sexe, l'argent ou des relations qui les rendaient dépendants. Notre acceptation de suivre le processus Douze Étapes n'était pas une démarche qui nous conduisait au ciel, mais une démarche qui nous sortait de l'enfer que notre vie était devenue.

La croissance et le développement spirituels se font lentement et seulement par une ferme discipline et la confiance en Dieu. Le meilleur exemple de la discipline de la prière est l'exemple de Jésus, qui priait fréquemment pour connaître la volonté de son Père. Dans le "Notre Père", il est remarquable que la demande la plus importante soit « Que ta volonté soit faite sur la terre comme au ciel. » Ce qu'on pourrait interpréter ainsi : « Que ta volonté soit accomplie dans l'espace, le temps, la création. Dieu, si cela doit se faire, c'est à Toi de le faire. » À mesure que notre estime de soi grandit et que notre Puissance supérieure devient une amie de confiance, nous devenons plus assurés qu'Il est toujours présent avec nous quand nous prions. Et nous devenons plus assurés que Sa volonté est ce que nous voulons pour notre vie.

La méditation est un moyen important de connaître la volonté de Dieu sur nous, de mettre de côté nos propres intentions et de recevoir l'orientation de Dieu. La méditation des Écritures est le meilleur moyen de connaître la volonté de Dieu. D'autres formes de méditation peuvent apaiser notre esprit et lever les barrières de nos pensées conscientes. Quand ce processus est bien suivi, il nous apaise au point de vue émotionnel et nous détend au point de vue physique. Nous sommes alors libérés de l'énergie que nous déployons normalement et qui maintient nos émotions à leur plus haut niveau et notre corps tendu par l'inquiétude.

Notre manière d'aborder la Onzième Étape variera quant au but et à l'intensité — elle montre notre engagement à une vie de prière. Si nous communiquons avec Dieu, Sa joie imprégnera nos relations et notre amitié avec les autres. Nous en tirerons de grands avantages. En principe, nous devrions suivre cette Étape tout le long du jour. L'apôtre Paul encourageait les croyants à "prier sans cesse". Mais avant d'atteindre cet idéal, nous devrions suivre la Onzième Étape au lever et au coucher. Cette pratique au début et à la fin de chaque jour nous rappellera que nous voulons sincèrement que la volonté de Dieu s'accomplisse dans notre vie.

Note : Avant de continuer, lisez les **Directives pour la prière et la méditation**, à la page 237.

Consultons les Écritures

Prier uniquement pour connaître la volonté de Dieu sur nous, et pour avoir le pouvoir de l'accomplir, nous aide à mettre de côté nos motifs égoïstes et à mieux agir à l'égard des autres. Nous recevons l'assurance de la présence de Dieu et nous savons que Sa volonté pour nous est que nous soyons rendus à une vie saine. L'Écriture nous donne des exemples de la façon dont nous pourrions nous comporter quand nous laissons la volonté de Dieu s'accomplir par nous. Luc 6, 35-38 nous dit : « Aimez vos ennemis, faites du bien et prêtez sans rien attendre en retour... Montrez-vous compatissants... ne jugez pas... ne condamnez pas... remettez... donnez... » Quand nous suivons les enseignements du Christ et observons la volonté de Dieu dans notre vie, nous jouissons de la paix et de la sérénité.

L'homme bon, du bon trésor de son cœur, tire ce qui est bon... car c'est du trop-plein du cœur que parle sa bouche. (Lc 6, 45)

• • •

Le but de chacune des Étapes est d'améliorer notre connaissance de Dieu ainsi que notre bonté et notre valeur fondamentales comme faisant partie de Sa création.

C'est pourquoi je vous dis : tout ce que vous demandez en priant, croyez que vous l'avez déjà reçu, et cela vous sera accordé. Et quand vous êtes debout en prière, si vous avez quelque chose contre quelqu'un, remettez-lui, afin que votre Père qui est aux cieux vous remette aussi vos offenses. (Mc 11, 24-25)

• • •

Notre foi en Dieu et l'usage de la prière sont les principaux outils qui permettent aux Douze Étapes de soutenir notre recouvrance.

Le temps que nous passons à méditer nous permet de mieux connaître Dieu de la même manière que nous faisons la connaissance de quelqu'un que nous aimerions mieux connaître. La méditation peut être difficile au début. Nous sommes habitués à être actifs et nous pouvons nous sentir mal à l'aise si nous nous assoyons tranquillement et si nous apaisons notre esprit toujours occupé. Nous pouvons croire que nous perdons notre temps au lieu de faire quelque chose qui soit productif. En toute vérité, rien ne pourrait être plus productif.

Connaissons, appliquons-nous à connaître Yahvé; sa venue est certaine comme l'aurore; il viendra pour nous comme l'ondée, comme la pluie du printemps qui arrose la terre. (Os 6, 3)

• • •

Toutes les difficultés que nous éprouvons à permettre à Dieu de venir dans notre vie seront minimisées si nous reconnaissons Sa présence au long de chaque jour.*

---

* Suggestion utile : Lire la méditation sur Osée 6, 3, p. 144, *Meditations for The Twelve Steps – A Spiritual Journey (op. cit.).*

Quand nous méditons, nous réfléchissons et nous mettons en pratique notre connaissance des voies de Dieu. C'est une contemplation faite en présence de Dieu et avec Son assistance. C'est une communion à double sens avec Lui. Dans la méditation, ou "prière d'écoute", Dieu se fait connaître à nous pendant que nous lisons l'Écriture, que nous réfléchissons sur notre vie et que nous contemplons les grandes œuvres de Dieu. Le but de la méditation est de clarifier notre vision mentale et spirituelle et de permettre à la vérité divine d'exercer sa pleine influence spécifique sur notre esprit et notre cœur. La méditation nous rend humbles quand nous contemplons la grandeur et la gloire de Dieu et que nous laissons son Esprit nous encourager, nous rassurer et nous réconforter.

Pour toi, quand tu pries, retire-toi dans ta chambre, ferme sur toi la porte, et prie ton Père qui est là, dans le secret; et ton Père, qui voit dans le secret, te le rendra. (Mt 6, 6)

• • •

La méditation peut être nouvelle pour nous et nous pouvons nous sentir mal à l'aise. Avec le temps, nous apprécierons la valeur de passer un moment paisible dans la contemplation et la prière. Quand nous aurons adopté une technique qui nous convient, nous ne nous en détournerons plus.

Fais-moi connaître, Yahvé, tes voies, enseigne-moi tes sentiers. Dirige-moi dans ta vérité, enseigne-moi, c'est toi le Dieu de mon salut. (Ps 25, 4-5)

• • •

Pour être attentifs à la direction de Dieu, nous devons prendre conscience des dons inattendus qui nous viennent chaque jour. L'action de grâces pour toutes les occasions de Le servir affine notre sensibilité à la façon divine dont le Seigneur nous conduit.

En développant une routine pour la prière et la méditation, nous cherchons les moments et les lieux où nous pouvons inviter la présence de Dieu. Nous désirons Lui être disponibles. Voici quelques directives qui peuvent nous aider à prier et à méditer.

- Priez, méditez et étudiez les Écritures dans la solitude. Soyez seuls et ne soyez pas dérangés, pour être totalement libérés de distractions.

- Priez et méditez dans un lieu paisible, ou parlez tranquillement à Dieu sans être interrompus. Les influences extérieures distraient votre concentration et restreignent votre aptitude à exprimer à Dieu vos pensées et vos sentiments.

- Réservez un temps propice. N'attendez pas d'être fatigués.

- Écoutez attentivement. Dieu a des messages pour vous, tout comme vous en avez pour Lui.

- Revoyez votre inventaire quotidien avec Dieu. Avouez vos torts et faites-Lui amende honorable, selon qu'il convient.

- Terminez votre prière en demandant la connaissance de la volonté de Dieu sur vous et le pouvoir de l'accomplir.

Demandez et l'on vous donnera; cherchez et vous trouverez; frappez et l'on vous ouvrira. (Mt 7, 7)

• • •

Notre Seigneur nous a maintes fois enseigné à rechercher Sa volonté et à avoir le courage de l'accomplir.

Si nos progrès sont satisfaisants dans la Onzième Étape, nous en verrons les signes le long de notre cheminement. Nous jouirons d'une plus grande paix dans nos affaires quotidiennes. Nous ressentirons une profonde gratitude de notre guérison continue. Nous sentirons que nous avons enfin trouvé la place qui convient dans le monde. Les sentiments de honte feront place à des sentiments de valeur personnelle. Ces signes nous disent que Dieu nous dirige et qu'Il soutient notre recouvrance.

... il murmure sa loi jour et nuit! Il est comme un arbre planté auprès des cours d'eau; celui-là portera fruit en son temps et jamais son feuillage ne sèche. (Ps 1, 2-3)

• • •

Si nous marchons sur la voie du Seigneur, les fruits de l'Esprit paraîtront, tout comme les fruits de notre monde physique apparaissent dans la nature.

En combinant prière et méditation à l'examen personnel, nous découvrons le secret pour réussir la mise en œuvre des Étapes. Nous trouvons le moyen efficace d'entretenir une vie spirituelle enrichissante. Si empressés que nous soyons de guérir, nous avons tous des moments de doute sur l'orientation de notre vie. Nous pouvons même remettre en question la nécessité de continuer à suivre les Étapes. Nous sommes parfois tentés de revenir à nos anciens comportements compulsifs. Nous avons tendance à devenir particulièrement vulnérables quand nous sentons la pression de l'accomplissement ou quand nous nous attendons à ce que les événements se fassent selon notre propre échéancier. Dans notre frustration, nous enlevons alors le contrôle des mains de Dieu et essayons d'activer le processus par l'exercice de notre propre volonté. Quand nous agissons ainsi, nous ne suivons plus l'orientation de Dieu et nous devons renouveler l'engagement que nous avons pris à la Troisième Étape.

Une lampe sur mes pas, ta parole, une lumière sur ma route. J'ai juré d'observer, et je tiendrai, tes justes jugements. (Ps 119, 105-106)

• • •

*Nous trébuchions dans les ténèbres quand, par la grâce de Dieu, une lampe s'alluma pour nous montrer la voie. Nous nous sommes engagés à suivre la lumière.**

Notre capacité d'accomplir la volonté de Dieu peut être menacée dans les moments où la vie semble s'écrouler. Le meilleur exemple de fidélité se voit dans le Christ. Il a persévéré malgré les défis de Son ministère, de Sa passion et du crucifiement. La vigueur de Sa foi se résume dans Sa prière à Gethsémani. Il était accablé par ce qui l'attendait. « ... *Mon Père, s'il est possible, que cette coupe passe loin de moi! Cependant, non pas comme je veux, mais comme tu veux* » (Mt 26, 39). Dans les moments de plus grand stress, réfléchir sur les Troisième et Onzième Étapes peut nous aider à garder notre paix et notre sérénité.

N'entretenez aucun souci; mais en tout besoin recourez à l'oraison et à la prière, pénétrés d'action de grâces, pour présenter vos requêtes à Dieu. (Ph 4, 6)

• • •

Au sein de conflits qui préoccupent, nous pouvons venir prier le Seigneur. Il peut nous donner la sérénité d'accepter les choses que nous ne pouvons pas changer, le courage de changer les choses que nous pouvons et la sagesse d'en connaître la différence.

La prière et la méditation nous donnent l'occasion de rechercher le dessein de Dieu sur nous. Il nous a donné l'intelligence et une volonté libre par lesquelles nous pensons et nous agissons. En mettant en œuvre la Onzième Étape, nous ne devons pas trouver des excuses pour différer d'agir ou pour rationaliser, prétextant attendre la volonté de Dieu. Une

---

* Suggestion utile : Lire "Peace in God's Will", p. 39, *Prayers for The Twelve Steps – A Spiritual Journey (op. cit.)*.

partie de l'accomplissement de la volonté de Dieu consiste à agir, confiants que l'Esprit Saint de Dieu travaille par nous.

Et tout ce que vous demanderez dans une prière pleine de foi, vous l'obtiendrez. (Mt 21, 22)

• • •

Tenir un journal personnel sur la façon dont Dieu répond à nos prières par les autres personnes ou par de nouvelles expériences est un bon moyen de documenter notre nouvelle vie dans le Christ.*

Dans les situations imprécises, il est parfois sage de demander conseil à l'extérieur. Pendant que Dieu continue à nous aider, des messages peuvent nous venir d'autres personnes ou par de nouvelles expériences. Si les messages sont imprécis, nous devons être patients — nous recevrons d'autres messages. Si nous ne pouvons pas attendre, il faut opter pour la meilleure démarche et avoir confiance que Dieu est avec nous et nous guide. La foi en Dieu nous vaudra d'obtenir ce dont nous avons besoin. Nous voyons que nous accomplissons la volonté de Dieu par les sentiments qui nous animent et par ce que nous faisons.

Mais celui au contraire qui a écouté et n'a pas mis en pratique est comparable à un homme qui aurait bâti sa maison à même le sol, sans fondations. Le torrent s'est rué sur elle, et aussitôt elle s'est écroulée; et le désastre survenu à cette maison a été grand! (Lc 6, 49)

• • •

---

*   Suggestion utile : Lire la note sur la recouvrance portant sur le texte de Mt 21, 18-22, p. 1035, *Life Recovery Bible (op. cit.).*

*Douter de Dieu entraîne des conséquences que nous ne con-
naissons que trop. Notre manque de foi a peut-être été la
cause qui nous a conduits au programme de recouvrance
Douze Étapes.*

Notre cheminement terrestre avec Dieu est destiné à nous
conduire à une vie épanouissante. C'est le dessein de Dieu
pour nous tel que décrit dans les enseignements de Jésus.
Nous pouvons mettre en pratique l'enseignement de Jésus en
récitant la prière qu'Il nous a enseignée, « ... que ton règne
vienne, que ta volonté soit faite... » Si nous commençons la
journée dans cette attitude de prière, notre vie quotidienne
sera une illustration de la Onzième Étape.

**Tes oreilles entendront une parole prononcée derrière
toi : « Telle est la voie, suivez-la, que vous alliez à
droite ou à gauche. »** (Is 30, 21)

• • •

*L'Esprit Saint répond à toute demande d'assistance et de
direction. Sa leçon pour nous est toujours spécifique à chaque situation.*

Prière de saint François d'Assise

Seigneur, fais de moi un instrument de paix!
Où il y a de la haine – que je sème l'amour
Où il y a l'offense – le pardon
Où il y a le doute – la foi
Où il y a le désespoir – l'espérance
Où il y a des ténèbres – la lumière
Où il y a de la tristesse – la joie
Divin Maître, fais que je ne cherche pas tant
À être consolé – qu'à consoler
À être aimé – qu'à aimer
car
C'est en donnant – qu'on reçoit
C'est en pardonnant – qu'on est pardonné
C'est en mourant – que
l'on naît à la vie éternelle.

Amen.

Idées maîtresses

PRIÈRE. Notre Puissance supérieure est plus qu'une idée ou une force. Notre Puissance supérieure est une personne, Jésus Christ. La prière n'est pas seulement un exercice de discipline spirituelle. Pour nous, la prière est un entretien avec quelqu'un qui nous aime beaucoup. La prière est la communication qu'il nous faut entretenir dans une relation vivante avec notre Sauveur.*

MÉDITATION. Le mot "méditation" a des sens divers pour diverses personnes. Certains semblent effrayés par la méditation alors que d'autres y exultent. Mais la méditation en elle-même n'est essentiellement ni bonne ni mauvaise. C'est un

---

* Pour vous aider dans les nombreuses formes de prières, voyez *Prayers for The Twelve Steps – A Spiritual Journey (op. cit.)*. Ce livre a été écrit par des Amis en recouvrance pour vous aider dans votre cheminement spirituel.

instrument qui est aussi efficace ou inefficace que celui qui s'en sert. Si on la pratique régulièrement, la méditation améliorera nos relations avec Dieu et affinera notre intuition de l'Écriture Sainte.

Il faut aborder la méditation de façon spirituelle. Ce n'est pas un exercice pour l'esprit, c'est une pratique pour notre cœur. Nos processus mentaux surtaxés ont maintenu nos distractions; notre pratique de la méditation répondra à nos besoins spirituels. La méditation est souvent appelée la prière d'écoute, parce que, dans la méditation, nous apaisons notre âme et notre esprit et ouvrons notre cœur à Dieu.

CONTACT CONSCIENT. La communication avec Dieu a reçu beaucoup d'appellations. Au dix-septième siècle, un moine nommé Frère Laurent a inventé l'expression "la pratique de la présence de Dieu". L'apôtre Paul parle de cette communication comme d'une prière ininterrompue. La Onzième Étape appelle cette communion priante "un contact conscient avec Dieu". Quelque nom que nous lui donnions, l'idée exprime la compagnie et l'union avec Dieu. La prière et la méditation nous conduisent à cette relation avec Dieu, et nous permettent de comprendre Ses voies et Sa volonté.

VOLONTÉ DE DIEU. Chaque être humain créé par Dieu a une volonté propre. Au commencement, cette volonté libre fut utilisée pour se révolter contre Dieu. Il en est résulté le péché, la maladie, les douleurs, la mort et des troubles de toutes sortes. La seule manière de guérir de ces misères, qui ont débuté dans le Jardin de l'Eden et ont porté fruit en nous, est de choisir la volonté de Dieu plus que la nôtre. La Onzième Étape nous rappelle que la meilleure prière que nous puissions faire est de demander la connaissance de la volonté de Dieu et la force de l'accomplir.

Directives pour la prière et la méditation

La sagesse et la direction contenues dans la Parole de Dieu nous sont disponibles en tout temps, jour et nuit. Les principes des Douze Étapes sont tissés à travers la Bible. La Parole de Dieu et les Étapes sont des instruments qui nous sont utiles où que nous soyons dans notre cheminement spirituel. Une vue d'ensemble de la prière et de la méditation pour un jour donné peut être présentée comme suit.

Au début de la journée, revoyez vos plans et :

- demandez à Dieu la direction dans vos pensées et vos actions

  - pour vous préserver de l'apitoiement sur soi, de la malhonnêteté ou de l'égoïsme;

  - pour vous assurer la direction nécessaire pour régler vos problèmes.

- demandez à Dieu de vous libérer de votre volonté propre

  - pour vous empêcher de faire des demandes personnelles avant d'avoir aidé les autres;

  - pour éviter de prier pour vos propres besoins égoïstes.

Pendant la journée, dans les moments d'hésitation ou de crainte :

- demandez à Dieu inspiration et orientation.

- réfléchissez sur la Troisième Étape et revoyez-la.

  - Détendez-vous et respirez profondément plusieurs fois.

  - Prenez conscience de tout désir de lutter dans telle situation ou contre telle personne.

- priez Dieu aussi souvent qu'il est nécessaire pendant le jour.

    – Seigneur, libère-moi (de tel sentiment, de telle obsession, de telle dépendance, etc.)

    – Seigneur, que Ta volonté soit faite et non la mienne.

- si possible, appelez une personne-ressource pour identifier et partager avec elle ce qui arrive.

À la fin de la journée, revoyez ce qui est arrivé et :

- réfléchissez sur la Dixième Étape et faites un inventaire personnel.

    – Demandez à Dieu son assistance pour faire acte de réparation.

- demandez à Dieu de connaître Sa volonté par rapport à vous.

- demandez pardon à Dieu si c'est nécessaire et reconnaissez que cette revue n'a pas pour but de provoquer une pensée obsédante, du souci, des remords ou une réflexion morbide.

- remerciez Dieu de l'orientation et des bénédictions qui ont fait partie de cette journée.*

---

* Suggestion utile : Lire les pages 151-155, *Prayers for The Twelve Steps – A Spiritual Journey (op. cit.).* Dans ces pages, les divers types de prière sont brièvement décrits et illustrés.

Douzième Étape

Ayant connu un réveil spirituel comme résultat de ces étapes, nous avons alors essayé de transmettre ce message à d'autres, et de mettre en pratique ces principes dans tous les domaines de notre vie.

• • •

Frères, même dans les cas où quelqu'un serait pris en faute, vous les spirituels, rétablissez-le en esprit de douceur, te surveillant toi-même, car tu pourrais bien toi aussi être tenté. (Ga 6, 1)

Pour comprendre la Douzième Étape

Dans la plupart des maisons où il y a des enfants, un certain mur ou un montant de porte a des marques de crayon. Ces marques de crayon, près desquelles se voient des dates ou des âges, indiquent la progression de la taille. À quelques mois d'intervalle, les enfants s'adossent au mur pendant que maman ou papa marque leur taille. Parfois, la différence est presque nulle et parfois considérable.

La Douzième Étape est le moment de noter la croissance. Par la grâce de Dieu et par notre engagement à suivre les Étapes, nous avons fait une expérience spirituelle de changement de vie. Nous avons commencé ce voyage comme des tyrans effrayés qui s'agrippaient désespérément au contrôle de leur petit royaume. Mais nous terminons cette dernière Étape de notre voyage avec un nouveau roi sur le trône : Dieu. Nous avons fait l'expérience d'une rébellion que nous menions contre nous-mêmes. Avec l'aide de Dieu, nous avons supprimé notre royaume et avons établi le royaume de Dieu. Bien que nous sachions que nous avons grandi pendant ce processus, la marque sur le mur est un peu plus courte — il lui manque la couronne.

Mise en œuvre de la Douzième Étape

La Douzième Étape implique que nous prenions le temps d'apprécier la croissance spirituelle dans notre vie. Nous suivons cette Étape en partageant le programme avec d'autres et en continuant à mettre en pratique les principes des Étapes dans toutes les sphères de notre vie.

Préparation à la Douzième Étape

Nous pouvons nous préparer à la Douzième Étape en nous assurant que Dieu a fait partie de chaque aspect de notre programme. Si nous avons simplement ajouté Dieu comme ingrédient à notre recouvrance, nous ne remarquerons aucun réveil spirituel dans la Douzième Étape. Même si nous avons gardé le contrôle dans toutes les Étapes et les avons suivies avec un zèle rigoureux, nous ne trouverons alors aucun réveil spirituel. Cependant, le réveil spirituel de la Douzième Étape sera acquis si nous avons fait tout ce qui suit : si nous avons fait confiance à la présence de Dieu, si nous avons parcouru les Étapes avec Lui et si nous Lui avons donné le contrôle de notre volonté et de notre vie.

Prière pour la Douzième Étape

Mon Dieu,

Mon réveil spirituel continue à se développer. Je transmettrai à d'autres l'aide que j'ai reçue, à la fois à l'intérieur de notre fraternité et en dehors. Je Te suis reconnaissant de cette occasion.

Je Te demande humblement de continuer à suivre jour après jour le chemin du progrès spirituel. Je Te demande la force intérieure et la sagesse pour mettre en pratique les principes de ce mode de vie en tout ce que je fais et dis. J'ai besoin de Toi, de mes amis et du programme à chaque heure de chaque jour. C'est là une meilleure façon de vivre.[*]

------

*L*a Douzième Étape termine l'ascension de cette montagne particulière. Le souvenir des événements importants de cette aventure nous rappelle les douleurs et les joies que nous avons vécues dans la réalisation de cet objectif. Nos expériences ont été uniques et personnelles à chacun de nous. Nous nous rendons maintenant compte que tous les événements de notre vie ont concouru pour nous montrer notre union à Dieu. Notre réveil spirituel nous a changés, de sorte que nous pouvons maintenant vivre notre vie comme une expression de la volonté de Dieu. Un exemple de ce genre de transformation est magnifiquement illustré en Tite 3, 3-7.

------

[*]   Tirée de *Prayers for The Twelve Steps – A Spiritual Journey* (op. cit.), p. 30.

« Car nous aussi, nous étions naguère des insensés, des rebelles, des égarés, esclaves d'une foule de convoitises et de plaisirs, vivant dans la malice et l'envie, odieux et nous haïssant les uns les autres. Mais, le jour où apparurent la bonté de Dieu notre Sauveur et son amour pour les hommes, il ne s'est pas occupé des œuvres de justice que nous avions pu accomplir, mais, poussé par sa seule miséricorde, il nous a sauvés par le bain de la régénération et de la rénovation en l'Esprit Saint. Et cet Esprit, il l'a répandu sur nous à profusion, par Jésus Christ notre Sauveur, afin que, justifiés par la grâce du Christ, nous obtenions en espérance l'héritage de la vie éternelle. »

La Douzième Étape déclare que nous voulons partager avec d'autres le message d'espoir et de guérison de Dieu. Beaucoup d'entre nous ont été amenés à ce Programme par quelqu'un qui travaillait la Douzième Étape. Maintenant, nous avons l'occasion de favoriser notre propre croissance en aidant les autres. Nous cherchons les moyens de montrer notre nouvelle confiance, par suite de notre engagement à la recouvrance et par suite de la conscience grandissante de la présence de Dieu dans notre vie. Ce cheminement nous appelle à vivre notre programme tous les jours et à témoigner de l'efficacité des principes Douze Étapes. L'apôtre Pierre nous y incite en disant : « *Au contraire, sanctifiez dans vos cœurs le Seigneur Christ, toujours prêts à la défense contre quiconque vous demande raison de l'espérance qui est en vous* » (1 Pi 3, 15).

Cette Étape nous rappelle que nous n'avons pas encore mené notre voyage à son terme. Pour continuer notre processus de croissance, il faut que nous prenions conscience que nous avons seulement commencé à apprendre les principes qui animeront notre marche vers le Seigneur. Chacune des Douze Étapes est une partie essentielle de notre accomplissement de la volonté de Dieu sur nous. Quand nos occupations quotidiennes nous distraient et nous séparent de Dieu, nous pouvons nous servir des Étapes comme instruments qui nous permettront de faire face à nos problèmes et nous ramèneront vers Dieu. La Première Étape nous rappelle notre impuissance. Les Deuxième et Troisième Étapes nous montrent notre besoin absolu de l'aide de Dieu. De la Quatrième Étape à la Neuvième Étape, nous sommes guidés dans notre examen personnel et les amendes honorables. Les Dixième et Onzième Étapes nous aident à diminuer le nombre et la gravité de nos erreurs ainsi qu'à nous garder en contact avec Dieu. Nous recevons la grâce par notre attention consciente à la recherche de la volonté de Dieu et à la poursuite des Étapes. Ces grâces peuvent comprendre un certain degré d'amour, d'acceptation, d'honnêteté, de désintéressement et d'une paix de l'esprit que nous n'avions jamais connus auparavant. La partie la plus difficile de tout voyage est le début et cette phase est notre borne routière. En atteignant la Douzième Étape, nous avons montré notre engagement total à la volonté de Dieu dans notre recouvrance.

Notre réveil spirituel est un don qui nous donne une nouvelle perspective. Il est habituellement accompagné d'un changement positif et significatif de notre système de valeurs. Notre poursuite des buts mondains s'est affaiblie et a pris une direction différente. Nous cherchons maintenant à nous réaliser par des choses qui ont une valeur réelle et durable. Pour la plupart d'entre nous, le réveil est subtil et se voit mieux dans une rétrospective. Ce réveil a rarement un commencement et une fin bien définis. Nous nous rendons aussi compte qu'il nous a fallu tout cela pour parvenir à ce point — c'est pourquoi nous avons sommeillé si longtemps. Quand nous nous éveillons à la présence de l'amour de Dieu en nous, notre vie est pleine d'un nouveau but et d'un nouveau sens. Paul nous dit en Romains 13, 11 : « *C'est l'heure désormais de vous arracher au sommeil; le salut est maintenant plus près de nous qu'au temps où nous avons cru.* »

Consultons les Écritures

« Les actes parlent plus fort que les paroles »; cet adage décrit correctement comment nous devons porter aux autres le message des Douze Étapes. Il est plus efficace d'être témoin de l'application d'un principe que d'écouter des conférences sur la théorie seule. Par exemple, partager nos propres expériences de prière et de méditation a plus de sens que de faire des conférences et d'expliquer pourquoi tous devraient prier et méditer. Le récit de notre histoire aidera les autres à reconnaître leur besoin d'une relation avec Dieu et stimulera la croissance de notre propre humilité. Quand nous racontons notre histoire, il importe que nous soyons honnêtes et clairs. Les autres participent davantage quand nous sommes précis par rapport à notre vie.

La communication du message nous donne une excellente occasion de décrire comment l'Esprit de Dieu opère dans les Douze Étapes pour transformer notre vie. Chaque jour, les expériences de notre vie nous rappellent comment nous sommes renouvelés dans nos relations avec Dieu, notre Puissance supérieure. Par notre partage avec les autres, nous pouvons transmettre le message de notre expérience, de notre force et de notre espérance.

Enfin, frères, tout ce qu'il y a de vrai, de noble, de juste, de pur, d'aimable, d'honorable, tout ce qu'il peut y avoir de bon dans la vertu et la louange humaines, voilà ce qui doit vous préoccuper. Ce que vous avez appris, reçu, entendu de moi et constaté en moi, voilà ce que vous devez pratiquer. Alors le Dieu de la paix sera avec vous. (Ph 4, 8-9)

• • •

Nous devons pratiquer ce que nous savons être vrai. Nos actions parlent pour nous et donnent la véritable mesure de notre engagement à montrer l'amour de Dieu dans notre vie. [*]

L'Écriture contient des exemples frappants des résultats du témoignage personnel à propos de l'intervention de Dieu

---

[*] Suggestion utile : Lire "Prayers of Praise", chapitre 11, p. 137-145, *Prayers for The Twelve Steps – A Spiritual Journey (op. cit.).*

dans les affaires humaines. Jean 4, 28 et Jean 9, 17 sont des comptes rendus d'expériences personnelles avec Jésus Christ et de leur influence sur la vie des autres. Ceux qui connaissaient l'orateur étaient convaincus du pouvoir de la présence du Christ par les changements dont ils étaient témoins.

Conduisez-vous avec sagesse envers ceux du dehors; sachez tirer parti de la période présente. Que votre langage soit toujours aimable, plein d'à-propos, avec l'art de répondre à chacun comme il faut. (Col 4, 5-6)

• • •

Les Douze Étapes sont des instruments dont Dieu se sert pour communiquer le message de l'amour guérissant du Christ. Quand nous le Lui demandons, Dieu nous dit comment transmettre le mieux Son message aux autres. Nous devons écouter et agir comme nous sommes conduits à le faire.

Nous ne pouvons pas séparer notre travail des Douze Étapes de notre cheminement chrétien; ils sont mis en étroite relation par la main de Dieu qui nous guide. La partie active de la Douzième Étape est parfaitement décrite dans Romains 10, 10 : « *Car la foi du cœur obtient la justice, et la confession des lèvres, le salut.* »

Jésus ne le lui accorda pas, mais il lui dit : « *Va chez toi, auprès des tiens, et rapporte-leur tout ce que le Seigneur a fait pour toi dans sa miséricorde.* » (Mc 5, 19)

• • •

Jésus Christ remerciait constamment Dieu de Ses bienfaits. Il nous invite instamment à prier sans cesse notre Père céleste.

Travailler au programme avec des nouveaux venus peut être très enrichissant. Beaucoup parmi eux sont troublés, confus et pleins de ressentiment. Ils ont besoin de direction et d'aide pour comprendre que Dieu les raffermira et les changera par l'action des Douze Étapes. Grâce à leur bonne volonté et à leur engagement, ils feront l'expérience de récompenses et de miracles qui dépasseront de beaucoup leur douleur actuelle. Nous pouvons exhorter les nouveaux venus à mettre en œuvre le programme un jour à la fois. Ce peut être pour eux une expérience de croissance. Quand nous pensons à ce que nous étions lorsqu'on nous a présenté le programme, nous voyons tout le chemin que nous avons parcouru. En portant le message à d'autres, nous pouvons insister sur un point important dans notre décision d'entreprendre le programme. Nous avons pris cette décision seulement après avoir souffert suffisamment, alors que nous étions découragés, fatigués de souffrir et que nous avions touché le fond.

Proclame la parole, insiste à temps et à contretemps, réfute, menace, exhorte, avec une patience inlassable et le souci d'instruire. (2 Tm 4, 2)

• • •

Partager avec d'autres l'histoire de notre guérison et de notre recouvrance est le témoignage que Dieu veut que les autres entendent. Chacun de nous a un pèlerinage unique à raconter et notre message encouragera quelqu'un. *

Oui, cherchez à imiter Dieu... et suivez la voie de l'amour, à l'exemple du Christ qui vous a aimés... (Ep 5, 1-2)

• • •

Pour laisser brûler le feu de notre réveil spirituel, la Douzième Étape demande aussi que nous mettions les principes

---

* Suggestion utile : Lire la note sur la recouvrance pour 2 Tm 4, 1-5, p. 1366, *Life Recovery Bible (op. cit.).*

en pratique dans toutes nos occupations, en distribuant
l'amour que nous avons reçu.

Nos relations avec Dieu sont la clé de notre succès en tout, particulièrement quand il s'agit de mettre en œuvre les Étapes et d'appliquer leurs principes dans nos occupations quotidiennes. Nous ne pouvons pas nous abandonner à l'indifférence et négliger notre engagement à vivre selon les enseignements du Christ. L'Écriture nous rappelle le mandat de mener une vie semblable à celle du Christ. L'Écriture nous dit aussi comment nous saurons que nous avons failli : « *Quiconque demeure en lui ne pèche pas. Quiconque pèche ne l'a vu ni connu* » (1 Jean 3, 6). La vie nous rappelle constamment que nous devons être prêts à faire face à la tentation et aux épreuves. Mais, avec l'aide de Dieu, nous pouvons les transformer en occasions de croissance et de réconfort pour nous-mêmes et pour ceux qui vivent autour de nous. Nous n'atteindrons jamais la paix et la sérénité sans la grâce et l'Esprit Saint de Dieu.

Si quelqu'un parle, que ce soit comme les paroles de
Dieu; si quelqu'un assure le service, que ce soit comme
par un mandat reçu de Dieu, afin qu'en tout Dieu soit
glorifié par Jésus Christ, à qui sont la gloire et la puis-
sance pour les siècles des siècles. Amen. (1 P 4, 11)

• • •

Par le pouvoir de l'Esprit Saint, nous recevrons le courage
d'être les instruments de la guérison de Dieu dans le
monde.

Parfois, nous nous décourageons et nous perdons de vue notre progrès. Alors, comparons notre état actuel à notre état d'hier et demandons-nous :

• Sommes-nous moins isolés et n'avons-nous plus peur des personnes qui détiennent l'autorité?

- Avons-nous cessé de rechercher l'approbation des autres et nous acceptons-nous tels que nous sommes?

- Faisons-nous un meilleur choix des gens avec qui nous nouons des relations et sommes-nous plus aptes à garder notre propre identité dans nos relations?

- Avons-nous développé notre aptitude à exprimer nos sentiments?

- Avons-nous cessé d'essayer de dominer les autres?

- Avons-nous cessé de nous comporter de manière enfantine en faisant de nos amis ou de notre conjoint des parents protecteurs et avons-nous cessé d'être trop dépendants des autres?

- Sommes-nous plus attentifs aux besoins de notre enfant intérieur?

Des réponses affirmatives montrent le degré de notre progression vers un mode de vie plus sain et meilleur.

Frères, même dans le cas où quelqu'un serait pris en faute, vous les spirituels, rétablissez-le en esprit de douceur, te surveillant toi-même, car tu pourrais toi aussi être tenté. (Ga 6, 1)

• • •

À cause de nos propres luttes, nous pouvons d'une certaine façon comprendre le conflit que connaissent les autres. Notre simplicité et notre compassion en transmettant le message des Douze Étapes peuvent aider les autres à prendre l'engagement de remettre leur vie à Jésus Christ.*

Nous atteignons une belle réalisation en suivant les Étapes quand nous nous sommes entraînés à les "vivre". Nous le faisons en conduisant habituellement un problème ou une

---

* Suggestion utile : Lire la méditation sur Galates 6, 1, p. 164, *Meditations for The Twelve Steps – A Spiritual Journey (op. cit.).*

préoccupation à travers les Étapes, tout en reconnaissant notre besoin du soutien et de la direction de Dieu. Il en résulte paix et sérénité de même qu'une nouvelle confiance que nous pouvons traiter directement les problèmes. Toute mesure que nous prenons est alors guidée par la volonté de Dieu et par notre examen honnête des conséquences. Nous pouvons agir avec confiance et sans crainte, affirmant que « *Yahvé est ma lumière et mon salut — de qui aurais-je crainte? Yahvé est le rempart de ma vie — devant qui tremblerais-je?* » (Ps 27, 1).

Mieux vaut être deux que seul, car ainsi le travail donne bon profit. En cas de chute, l'un relève l'autre; mais qu'en est-il de celui qui tombe sans personne pour le relever? Et si l'on couche à deux, on se réchauffe, mais seul, comment avoir chaud? (Qo 4, 9-11)

• • •

Le pouvoir de la présence de Dieu s'accroît quand deux ou plus sont réunis en Son nom. S'aider les uns les autres à connaître la voie et à garder la foi est central dans le travail des Douze Étapes.

Nous commençons maintenant à identifier les nombreuses sphères de notre vie qui sont touchées par notre travail des Douze Étapes. Notre facilité à résoudre les nouveaux problèmes est liée à notre volonté de prendre des mesures réfléchies, en nous rappelant de ne pas nous préoccuper et de les remettre entre les mains de Dieu. Notre foi grandit à mesure que nous apprenons à abandonner le contrôle pour permettre à Dieu d'être le directeur de notre vie.

Le processus est graduel, régénérateur et continuel. Peu à peu, nous devenons plus centrés sur Dieu, à mesure que nous apprenons le véritable sens de l'amour de Dieu, de notre abandon à Dieu et de la sérénité spirituelle. Paul a saisi le cœur du processus des Douze Étapes quand il a dit : « *Non, frères, je ne me flatte point d'avoir déjà saisi; je dis seulement ceci :*

oubliant le chemin parcouru, je vais droit de l'avant, tendu de tout mon être, et je cours vers le but, en vue du prix que Dieu nous appelle à recevoir là-haut, dans le Christ Jésus » (Ph 3, 13-14).

Personne, après avoir allumé une lampe, ne la recouvre d'un vase ou ne la met sous un lit : on la met au contraire sur un lampadaire, pour que ceux qui pénètrent voient la lumière. Car rien n'est caché qui ne deviendra manifeste, rien non plus n'est secret qui ne doive être connu et venir au grand jour. (Lc 8, 16-17)

• • •

Le Seigneur répand son message par les Douze Étapes, et nous sommes les instruments pour le livrer. La pratique quotidienne de ces principes confirmera aux yeux des autres la sincérité de nos engagements.

Chaque nouvelle journée est un don de Dieu que nous pouvons accueillir et reconnaître avec joie comme réponse à notre prière en vue d'obtenir la sérénité.

Prière de la sérénité

Mon Dieu, donnez-moi la sérénité
d'accepter les choses que je ne peux pas changer,
le courage de changer les choses que je peux,
et la sagesse d'en connaître la différence.
Vivant un jour à la fois,
profitant d'un moment à la fois;
acceptant la difficulté comme un sentier vers la paix;
prenant, comme Jésus l'a fait,
le monde pécheur tel qu'il est,
et non tel que je voudrais qu'il soit;
confiant que tout ce que Tu feras sera bon
si je m'abandonne à Ta volonté;
afin de trouver un certain bonheur en cette vie
et le bonheur total avec Toi. Amen.

Reinhold Niebuhr

Idées maîtresses

Réveil spirituel. Le réveil spirituel dont parle la Douzième
Étape est un changement graduel dans le contrôle de notre
vie. Ce changement nous permet finalement de nous rendre
compte que nous avons une sincère confiance en Dieu et que
nous pouvons dépendre de Lui. Nous devenons aussi conscients que cette nouvelle confiance et cette nouvelle dépendance nous apportent une paix et une sérénité que nous
n'avions jamais éprouvées auparavant. Nous arrivons à la
Douzième Étape avec la confiance que nous pouvons nous
fier à Dieu, que les miracles arrivent et que la prière fait son
œuvre.

Transmission du message. La Douzième Étape nous
encourage à porter le message des Douze Étapes aux autres.
Si nous avons lu le *Gros Livre (Les Alcooliques anonymes)*, nous
sommes conscients que les premiers membres du programme ont toujours compris qu'ils portaient un message

spirituel. Le message que nous portons est que Dieu peut nous sauver de nos péchés, de nos comportements contradictoires, de notre désespoir, de notre tourment — Dieu peut nous sauver de nous-mêmes. Nous portons un message spirituel qui dit que Dieu seul peut contrôler notre vie et nous guérir. Nous vivrons une vie plus efficace et plus saine si nous cédons à un pouvoir plus grand que nous-mêmes.

Revue des Douze Étapes

Identifiez une situation ou une condition dans votre vie qui est actuellement une source de ressentiment, de crainte, de tristesse ou de colère. Elle peut impliquer certaines relations (famille, travail ou sexe), ambiance du travail, santé ou estime de soi. Rédigez un bref énoncé qui décrit la situation et qui identifie votre préoccupation.

Servez-vous de l'exercice qui suit pour appliquer les principes des Douze Étapes à cet énoncé.

PREMIÈRE ÉTAPE. Décrivez de quelles façons vous êtes impuissants dans cette situation. Comment cette situation vous montre-t-elle que votre vie est ingouvernable?

DEUXIÈME ÉTAPE. Comment avez-vous besoin de votre Puissance supérieure pour vous rendre votre raison?

TROISIÈME ÉTAPE. Écrivez un énoncé dans lequel vous affirmez votre volonté de remettre cette situation entre les mains de Dieu. (Par exemple : Je ne veux plus me préoccuper du comportement de mon patron. Je décide maintenant de confier à Dieu mon inquiétude, mes préoccupations et mon besoin de sécurité.)

QUATRIÈME ÉTAPE. Quels défauts de caractère ont émergé? (Par exemple : la crainte de l'abandon ou de ceux qui détiennent l'autorité, le contrôle, la recherche de l'approbation, des comportements obsédants ou compulsifs, le sauvetage des autres, une responsabilité excessive, des sentiments non exprimés.)

CINQUIÈME ÉTAPE. Avouez vos torts à Dieu, à vous-mêmes et à une autre personne.

SIXIÈME ÉTAPE. Pensez à votre volonté de voir Dieu éliminer les défauts de caractère qui ont fait surface. Décrivez votre détermination ou vos raisons de ne pas vouloir.

SEPTIÈME ÉTAPE. Écrivez une prière dans laquelle vous demandez humblement à Dieu de supprimer les faiblesses spécifiques se rapportant à cette situation. (Vous pouvez être très humbles quand vous êtes francs au sujet de vos faiblesses et de vos besoins.)

HUITIÈME ÉTAPE. Faites la liste des personnes qui ont subi des torts.

NEUVIÈME ÉTAPE. Décrivez comment vous avez l'intention de réparer ces torts.

DIXIÈME ÉTAPE. Revoyez les Étapes précédentes pour vous assurer que rien n'a été négligé. Examinez si ce processus a fait ressortir quelque chose de nouveau sur lequel vous devrez travailler.

ONZIÈME ÉTAPE. Arrêtez-vous un instant pour prier ou méditer. Demandez à Dieu de connaître Sa volonté sur vous. Comment voyez-vous la volonté de Dieu dans cette situation?

DOUZIÈME ÉTAPE. Dans cette situation, avez-vous le sentiment d'un réveil spirituel? Qui contrôle maintenant, vous ou Dieu? Expliquez. (Votre attitude et vos émotions sont de bons indicateurs.)

Annexe

Modèle de réunion

Animateur :

Bonjour et bienvenue à la réunion du groupe de soutien des Douze Étapes et la Bible. Je m'appelle ___ ___ et je suis votre serviteur de confiance pour la réunion d'aujourd'hui. Veuillez vous joindre à moi pour un moment de silence, après lequel nous réciterons la Prière de la sérénité.

Prière de la sérénité

Mon Dieu, donnez-moi la sérénité
d'accepter les choses que je ne peux pas changer,
le courage de changer les choses que je peux,
et la sagesse d'en connaître la différence.
Vivant un jour à la fois,
profitant d'un moment à la fois;
acceptant la difficulté comme un sentier vers la paix;
prenant, comme Jésus l'a fait,
le monde pécheur tel qu'il est,
et non tel que je voudrais qu'il soit;
confiant que tout ce que Tu feras sera bon
si je m'abandonne à Ta volonté;
afin de trouver un certain bonheur en cette vie
et le bonheur total avec Toi. Amen.

REINHOLD NIEBUHR

Nous sommes un groupe de soutien engagé à créer un lieu sécuritaire où les hommes et les femmes peuvent partager entre eux leurs expériences, leurs points forts et leur espérance.

*En tant que fraternité d'hommes et de femmes se rétablissant de comportements qui nous ont affligés pendant notre vie, notre but est de grandir spirituellement et dans nos relations avec Dieu. Comme guide, nous nous servons de la Bible et de **Les Douze Étapes enrichies par des versets bibliques** pour nous aider dans notre cheminement vers la recouvrance. Nous sommes ici pour notre propre bien, pour partager avec d'autres nos propres expériences, nos points forts et notre espoir. Nous ne sommes pas ici pour parler des autres, pour les condamner, les critiquer ou les juger. Nous désirons améliorer la qualité de notre vie en mettant en application ce que nous avons appris en nous écoutant et en partageant mutuellement. Notre espoir réside dans la croyance que nous pouvons réussir aujourd'hui dans des situations où nous avons échoué auparavant. En nous remettant aux soins de notre Puissance supérieure, Jésus Christ, nos attitudes s'améliorent à mesure que nous considérons qui nous sommes en toute honnêteté, ouverture et détermination, et que nous nous engageons à des comportements plus sains.*

*J'ai demandé à _____ de lire **Les Douze Étapes.***

*J'ai demandé à _____ de lire les **Écritures pour les Douze Étapes,** après chaque Étape.*

Nous utilisons bon nombre des principes et des traditions en usage chez les Alcooliques anonymes comme constituant une partie du fondement de notre groupe. Nous respectons la confidentialité et l'anonymat de chaque personne qui est ici. Souvenez-vous que tout ce que vous entendez à cette réunion est partagé avec la confiance et l'assurance que tout restera ici. Qui vous rencontrez ici, ce qui se dit ici, quand vous partez d'ici, que tout cela reste ici.

Nous sommes autosuffisants grâce à nos propres contributions. Nous demandons maintenant votre contribution.

ATTENDEZ QUE LA COLLECTE DES CONTRIBUTIONS SOIT TERMINÉE AVANT DE CONTINUER.

Si vous êtes nouveaux dans le groupe de soutien des Douze Étapes, nous vous présentons des souhaits spéciaux de bienvenue et nous vous invitons à assister à au moins six réunions pour vous donner une bonne chance de décider si ce groupe vous convient. Nous vous encourageons à échanger vos numéros de téléphone les uns avec les autres pour obtenir du soutien entre les réunions. Des listes téléphoniques, des brochures et des feuillets de renseignements sur d'autres groupes de soutien en recouvrance seront disponibles après la réunion. Si vous avez des questions à poser, sentez-vous tout à fait libres de me parler à la fin de la réunion.

Y a-t-il quelqu'un parmi vous qui est ici pour la première fois? S'il en est ainsi, veuillez nous dire votre prénom pour que nous puissions vous saluer.

Nous allons maintenant nous présenter par notre prénom seulement. Je m'appelle _____ .

Cette réunion est l'étude d'une Étape où l'on se sert de **Les Douze Étapes enrichies par des versets bibliques**. Les Douze Étapes représentent une discipline spirituelle qui peut donner un moyen de quitter un comportement destructeur et une occasion d'améliorer nos relations avec notre Puissance supérieure, Jésus Christ.

Chacun est invité à échanger avec les autres, mais personne n'est contraint de le faire.

La réunion d'aujourd'hui porte sur la _____ Étape. Nous lirons une partie du chapitre, puis nous commencerons la période des échanges. Veuillez prendre la page _____ .

Dans votre partage, veuillez vous en tenir à des expériences et à des événements récents. Concentrez-vous sur votre expérience personnelle, vos points forts et votre espoir.

Limitez votre échange à 3-5 minutes. Permettez à tous ceux qui font partie du groupe de partager une fois avant que vous partagiez une seconde fois.

Pas de répliques, s'il vous plaît. Il y a réplique lorsqu'on parle quand ce n'est pas son tour. Ce qui dérange le groupe et distrait l'attention de celui dont c'est le tour de parler.

NOTE POUR LE FACILITATEUR : 10 MINUTES AVANT LA CLÔTURE DE LA RÉUNION, DEMANDEZ DES INTENTIONS DE PRIÈRE.

Nous allons maintenant consacrer un certain temps à la demande d'intentions de prière. Ces intentions doivent vous concerner vous-mêmes ou d'autres membres du groupe.

Clôture :

Nous formons une fraternité de (nom de l'église ou du mouvement) *qui vient s'ajouter à d'autres groupes des Douze Étapes centrés sur le Christ. Nous vous encourageons à assister aux réunions d'autres groupes de soutien des Douze Étapes semblables, au cours de la semaine, pour soutenir votre cheminement vers la recouvrance.*

J'ai demandé à _____ de lire "Les phases de la recouvrance" (page 259).

Y a-t-il des annonces à faire?

Un rappel! Ce que vous entendez à cette réunion est confidentiel : laissez-le à cette réunion! Ce n'est pas pour livraison au public ni pour commérage. Veuillez respecter l'intimité de ceux qui ont partagé avec vous, ici aujourd'hui, leurs sentiments.

Auriez-vous l'obligeance de tout nettoyer autour de vous et de nous aider à remettre la salle en ordre?

Ceux qui le veulent bien sont invités à se lever et à s'unir à moi pour terminer en récitant le Notre Père.

N'oubliez surtout pas de revenir! Vous y gagnerez!

Notes pour le facilitateur

- L'Annexe contient des questions (page 261) pour la revue de chaque Étape; on peut y répondre par écrit ou en partageant de vive voix avec les autres.

- L'animateur commence le partage en racontant son histoire par rapport à l'Étape sur laquelle porte la discussion. Accordez à chaque personne un maximum de 10 minutes pour le partage.

- Si le groupe compte plus de 20 membres, il est préférable de former de petits groupes de 5 à 7 personnes pour la partie de la réunion où se fait le partage.

Les phases de la recouvrance

Par la grâce de Dieu et par notre travail dans le programme Douze Étapes, nous pouvons entrevoir que nous passerons par les phases suivantes au cours de notre recouvrance.

- Nous nous sentons à l'aise avec les gens, y compris ceux qui détiennent l'autorité.

- Nous avons une forte identité et en général nous sommes contents de nous.

- Nous acceptons la critique personnelle et en tirons parti de façon positive.

- En faisant face à notre situation dans la vie, nous trouvons que nous sommes intéressés par les points forts et que nous comprenons les points faibles dans nos relations avec les autres.

- Nous sommes en voie de recouvrance par l'amour et par l'attention que nous portons sur nous-mêmes; nous acceptons la responsabilité de nos pensées et de nos actions personnelles.

- Nous nous sentons à l'aise en défendant nos droits quand il convient.

- Nous jouissons de la paix et de la sérénité, confiants que Dieu dirige notre recouvrance.

- Nous aimons les gens qui s'aiment eux-mêmes et prennent soin d'eux-mêmes.

- Nous sommes libres d'avoir et d'exprimer nos propres sentiments même quand ils sont pour nous une cause de douleur.

- Nous avons un sens approprié d'estime de soi.

- Nous développons de nouvelles aptitudes qui nous permettent de lancer des idées et des projets, et de les mener à exécution.

- Nous agissons avec prudence en examinant tout d'abord les comportements optionnels et leurs conséquences possibles.

- Nous nous fions de plus en plus à Dieu, notre Puissance supérieure.

Questions pour la revue de chaque Étape

PREMIÈRE ÉTAPE

**Nous avons admis que nous étions impuissants
face aux effets de notre séparation d'avec Dieu — et
que nous avions perdu la maîtrise de nos vies.**

La Première Étape constitue le fondement pour le travail des autres Étapes. Admettre notre impuissance et avouer que notre vie est devenue ingouvernable n'est pas chose facile. Bien que notre comportement nous ait causé stress et douleur, il est difficile de céder et d'avoir confiance que notre vie peut s'écouler convenablement. L'idée qu'il y a des zones sur lesquelles nous sommes impuissants est pour nous un concept tout nouveau. Il nous est beaucoup plus facile de sentir que nous détenons le pouvoir et que nous contrôlons notre vie.

• • •

Dans quelles sphères de votre vie sentez-vous le plus grand besoin d'avoir le contrôle?

Quelles sont les conséquences de vos habitudes autodestructrices?

Quelles difficultés éprouvez-vous à reconnaître votre impuissance et votre inaptitude à gouverner votre vie?

Quel événement important de votre vie vous a permis de vous rendre compte de l'intensité de votre souffrance?

———————————

Deuxième Étape

**Nous en sommes venus à croire qu'une
Puissance supérieure à nous-mêmes pouvait
nous rendre la raison.**

La Deuxième Étape nous donne un nouvel espoir de voir que l'aide nous est disponible si nous tendons la main et si nous acceptons ce que notre Puissance supérieure, Jésus Christ, a à nous offrir. C'est ici que nous formons la base pour la croissance de notre vie spirituelle, laquelle nous aidera à devenir la personne que nous voulons être. Ce qui nous est demandé, c'est la détermination de croire qu'un pouvoir plus grand que nous-mêmes attend pour être notre Sauveur personnel. Ce qui suit pendant que nous parcourons les Étapes est un processus qui amène Jésus Christ dans notre vie et nous permet de croître en amour, en santé et en grâce.

• • •

Quelles expériences vous ont amenés à perdre votre foi en Dieu?

Avez-vous cru par erreur qu'il était de votre responsabilité de créer vous-mêmes la foi, au lieu d'accepter la foi comme un don? Expliquez.

Qu'est-ce qui vous empêche de croire vraiment qu'un pouvoir plus grand que vous-mêmes peut vous rendre la raison?

Décrivez votre inaptitude à gouverner vos propres affaires.

Troisième Étape

**Nous avons décidé de confier notre volonté et nos
vies aux soins de Dieu, *tel que nous le concevions*.**

La Troisième Étape est une phase affirmative. Il est temps de prendre une décision. Dans les deux premières Étapes, nous avons pris conscience de notre condition et nous avons accepté l'idée d'un pouvoir plus grand que nous-mêmes. Bien que nous commencions à connaître Dieu et à nous fier à Lui, nous pouvons trouver difficile de penser à Lui permettre d'être totalement en charge de notre vie. Cependant, si l'autre option signifie la perte de quelque chose d'essentiel dans notre existence, la direction de Dieu peut être plus facile à accepter.

• • •

Quelles parties de votre vie êtes-vous disposés à confier à Dieu?

Quelles parties de votre vie n'êtes-vous pas disposés à confier à Dieu? Qu'est-ce qui vous empêche de les céder?

Pensez-vous que l'abandon de votre vie à Dieu diminue la tension dans votre vie?

Qu'est-ce que vous espérez obtenir en conséquence de votre décision de vous abandonner à la volonté de Dieu?

QUATRIÈME ÉTAPE

Nous avons courageusement procédé à un inventaire moral, minutieux de nous-mêmes.

La Quatrième Étape est un instrument qui nous aide à comprendre nos modes actuels de comportement et à reconnaître notre besoin de la direction de Dieu dans notre vie. Ici, nous examinons nos comportements et nous affinons notre connaissance de nous-mêmes. Être absolument intégral et honnête dans la préparation de notre inventaire nous aide à déceler les obstacles qui nous ont empêchés de nous connaître nous-mêmes et de reconnaître nos sentiments les plus intimes sur la vie.

• • •

Quel est votre principal point fort? Comment vous soutient-il?

Quel est votre principal point faible? Comment vous cause-t-il du tort?

Lequel de vos comportements actuels fait le plus de tort à votre vie? Expliquez.

Dans quelles sphères de votre vie soupçonnez-vous que la dénégation est à l'œuvre?

CINQUIÈME ÉTAPE

Nous avons avoué à Dieu, à nous-mêmes et à un autre être humain la nature exacte de nos torts.

La Cinquième Étape demande que nous nous engagions dans des confrontations honnêtes avec nous-mêmes et avec les autres en avouant nos fautes à Dieu, à nous-mêmes et à une autre personne. Ce faisant, nous commençons à mettre de côté notre orgueil et à nous voir dans une vraie perspective. Nous nous rendons également compte comment notre relation grandissante avec Dieu nous donne le courage de nous examiner, d'accepter qui nous sommes et de révéler notre véritable égo. La Cinquième Étape nous aide à reconnaître nos anciennes aptitudes de survie et à nous en débarrasser pour aller vers une vie nouvelle et plus saine.

• • •

Que pouvez-vous gagner en avouant vos fautes à une autre personne?

Quelle résistance éprouvez-vous à partager votre histoire avec une autre personne?

Laquelle de vos fautes est la plus difficile à reconnaître? Pourquoi?

Comment le fait d'admettre vos fautes à Dieu, à vous-mêmes et à une autre personne vous empêchera-t-il de vous tromper vous-mêmes?

SIXIÈME ÉTAPE

Nous avons pleinement consenti à ce que Dieu élimine tous ces défauts de caractère.

La tâche de supprimer tous nos comportements inefficaces, c'est plus que nous ne pouvons effectuer seuls. La Sixième Étape n'indique pas que nous faisons cet émondage : tout ce que nous avons à faire, c'est d'être "tout à fait prêts" pour qu'il se fasse. Nous pouvons nous préparer en suivant fidèlement les Étapes et en acceptant de laisser Dieu nous aider dans l'élimination de nos faiblesses. Les traits de caractère que nous voulons supprimer sont souvent des modes de comportement profondément gravés en nous. Ils ne disparaîtront pas du jour au lendemain. Nous devons être patients pendant que Dieu nous façonne de nouveau. Permettre à Dieu d'avoir le contrôle nous aide à nous fier entièrement à Lui.

• • •

Que craignez-vous en faisant enlever vos défauts de caractère?

Identifiez deux défauts de caractère que vous n'êtes pas prêts à faire enlever.

Pourquoi est-il nécessaire d'apprendre à être humbles avant que Dieu puisse enlever vos défauts de caractère?

Qu'est-ce qui fait obstacle à votre empressement à laisser Dieu éliminer vos faiblesses?

Septième Étape

**Nous Lui avons humblement demandé
de faire disparaître nos déficiences.**

L'humilité est l'idée centrale de la Septième Étape. En pratiquant l'humilité, nous recevons la force nécessaire pour suivre les Étapes et obtenir des résultats satisfaisants. Nous reconnaissons qu'une très grande partie de notre vie a été consacrée à satisfaire nos désirs égocentriques. Nous devons mettre de côté ces modes de comportement égoïstes, orgueilleux et nous rendre compte que l'humilité libère notre esprit. La Septième Étape demande que nous abandonnions notre volonté à Dieu afin de recevoir la sérénité nécessaire pour atteindre le bonheur que nous cherchons.

• • •

Tirez-vous un bon parti de la présence de Dieu dans votre vie?

Quelles grâces spéciales Dieu vous a-t-il envoyées depuis que vous avez commencé votre programme Douze Étapes vers la recouvrance?

Rédigez une liste d'exemples qui montrent que vous pratiquez l'humilité.

Lesquels de vos traits négatifs de caractère deviennent positifs? Expliquez comment ce changement influence votre vie.

Huitième Étape

**Nous avons dressé une liste de toutes les personnes
que nous avions lésées et consenti à leur faire
amende honorable.**

Par notre empressement à faire amendes honorables pour des méfaits passés, la Huitième Étape entame le processus de recouvrance des relations endommagées. Nous nous préparons à réaliser le grand dessein de Dieu sur notre vie en nous préparant à faire amende honorable. Nous pouvons laisser tomber nos ressentiments et commencer à vaincre la culpabilité, la honte et la faible estime de nous-mêmes qui avaient été les conséquences de nos actions nuisibles. Par le don des Douze Étapes, nous avons les outils nécessaires pour vaincre ces conditions néfastes et réparer nos amitiés brisées.

• • •

Citez trois expériences personnelles qui demandent de faire amende honorable?

Comment le fait de faire amende honorable vous libérera-t-il du ressentiment et de la honte?

Comment votre refus de pardonner aux autres entrave-t-il votre progrès et nuit-il à vos relations avec Dieu?

Pourquoi le pardon que vous vous accordez à vous-mêmes est-il un facteur important dans le processus des amendes honorables?

─────────

NEUVIÈME ÉTAPE

Nous avons réparé nos torts directement envers ces personnes partout où c'était possible, sauf lorsqu'en ce faisant, nous pouvions leur nuire ou faire tort à d'autres.

La Neuvième Étape répond à notre demande de réconciliation avec les autres. Nous débarrassons notre "jardin" des feuilles mortes et nous "ratissons" les vieilles habitudes et "les rejetons". Nous faisons face à nos fautes, nous avouons nos torts, nous demandons pardon et nous pardonnons. L'amende honorable nous délivrera d'un grand nombre des ressentiments de notre passé. C'est un moyen d'obtenir la sérénité dans notre vie en demandant le pardon à ceux auxquels nous avons fait du tort et en faisant réparation quand c'est nécessaire.

• • •

Comment le fait de suivre jusqu'au bout la Neuvième Étape vous permettra-t-il d'enterrer le passé et d'améliorer votre estime personnelle?

Quelles difficultés éprouvez-vous en faisant amende honorable?

Qui, sur votre liste d'amendes honorables, vous cause le plus d'inquiétude? Quelle est la cause de cette inquiétude?

Qui, sur votre liste d'amendes honorables, considérez-vous comme un ennemi? Comment prévoyez-vous faire cette amende honorable?

―――――――

DIXIÈME ÉTAPE

Nous avons poursuivi notre inventaire personnel et promptement admis nos torts dès que nous nous en sommes aperçus.

La Dixième Étape indique la voie vers une croissance spirituelle continue. Nous examinons minutieusement notre conduite quotidienne et faisons les ajustements nécessaires. Nous nous observons, nous voyons nos fautes, nous les admettons rapidement et nous faisons les corrections. L'inventaire régulier nous rend plus conscients de nos points forts et de nos points faibles. Nous sommes moins enclins à céder à des sentiments de solitude, d'autosatisfaction et de colère, si nous demeurons bien équilibrés au point de vue émotionnel et si notre courage grandit quand nous voyons croître nos points forts. Nous serons plus motivés et capables de vivre la vie chrétienne tel que nous le désirons.

• • •

Citez un exemple qui montre que vos rapports avec les autres se sont améliorés.

Mentionnez un cas récent où vous ne vous êtes pas comportés de façon convenable. Qu'avez-vous fait quand vous vous êtes rendu compte que vous aviez mal agi?

Comment l'inventaire quotidien soutient-il votre croissance spirituelle?

Comment la réparation de vos torts vous épargne-t-elle de conséquences non nécessaires?

ONZIÈME ÉTAPE

Nous avons cherché par la prière et la méditation à améliorer notre contact conscient avec Dieu, tel que nous Le concevions, Lui demandant seulement de connaître Sa volonté à notre égard et de nous donner la force de l'exécuter.

Pour protéger ce que nous avons appris, nous devons chercher sans cesse à connaître la volonté de Dieu sur nous. Un régime quotidien de prière et de méditation nous montre clairement que la libération n'était qu'un sursis d'un jour à l'autre. Notre façon d'aborder la Onzième Étape variera quant à son but et à son intensité; elle indique notre engagement à une vie de prière. Si nous sommes en communion avec Dieu et en communication avec Lui, sa joie imprégnera notre groupe et notre amitié avec les autres. Nous en tirerons de grands profits. En principe, nous mettons cette Étape en pratique tous les jours au lever et au coucher, pour nous rappeler que nous devons vouloir sincèrement et humblement que la volonté de Dieu s'accomplisse pour nous.

• • •

Décrivez un cas où vous avez différé d'agir parce que vous "attendiez" la volonté de Dieu. Qu'est-ce qui est arrivé?

Mentionnez un cas où Dieu a répondu à vos prières par une autre personne ou par une nouvelle expérience?

Que ressentez-vous quand vous priez tranquillement Dieu?

Comment votre vie s'est-elle améliorée du fait que vous avez suivi les diverses Étapes?

DOUZIÈME ÉTAPE

Ayant connu un réveil spirituel comme résultat de ces étapes, nous avons alors essayé de transmettre ce message à d'autres et de mettre en pratique ces principes dans tous les domaines de notre vie.

Chacune des Douze Étapes est une partie vitale de l'accomplissement du dessein de Dieu sur nous. Une attention minutieuse à suivre les Étapes développe en nous un niveau d'amour, d'acceptation, d'honnêteté et de paix de l'esprit sans pareil dans aucune autre période de notre vie. La Douzième Étape nous invite à promouvoir notre propre croissance en aidant les autres. Notre empressement à partager avec d'autres notre engagement en recouvrance et notre conscience toujours plus affinée de la présence de Dieu dans notre vie nous tiennent toujours en éveil pour trouver de nouveaux moyens de partager notre nouvelle confiance.

● ● ●

Citez un exemple qui montre que vous "vivez" les Étapes.

Mentionnez une préoccupation que vous aviez et décrivez comment vous l'avez résolue en appliquant les Douze Étapes.

Quel lien voyez-vous entre les Douze Étapes et votre cheminement chrétien?

Comment mettez-vous en pratique les principes des Étapes dans toute votre vie?

imprimerie gagné ltée